INVOCAÇÕES

Dionísio, Moisés,
São Paulo e Freud

Alain Didier-Weill

INVOCAÇÕES
Dionísio, Moisés, São Paulo e Freud

Companhia de Freud
editora

TÍTULO ORIGINAL
Invocations
Dionysos, Moïse, saint Paul et Freud

EDITORAÇÃO ELETRÔNICA
FA - Editoração Eletrônica

TRADUÇÃO
Dulce Duque Estrada

REVISÃO
Sandra Regina Felgueiras

FOTO DE CAPA
Éric Brissaud

FICHA CATALOGRÁFICA

D556i

Didier-Weill, Allain.

Invocações: Dionísio, Moisés, São Paulo e Freud / Alain Didier-Weill ; tradução Dulce Duque Estrada — Rio de Janeiro : Companhia de Freud, 1999.

160 p. ; 21 cm.

ISBN 85-85717-28-9

Tradução de: Invocations : Dionysos, Moïse, saint Paul et Freud

1. Psicanálise. 2. Teoria das pulsões. I. Título.

Companhia de Freud
editora
ENDEREÇO PARA CORRESPONDÊNCIA
Rua Visconde de Pirajá, 547 - Sala 702
Cep 22415-900 - Ipanema - Rio de Janeiro
Tel.: (021) 540-7954 – Telefax: (021) 239-9492
email: tereza@ism.com.br

Índice

I

A PULSÃO INVOCANTE, A MÚSICA E A DANÇA

O QUE É A DANÇA?

Vocação. Invocação

Por que o homem não se contenta em falar, por que é preciso também que ele cante? Se há um parentesco entre a fala e o canto, qual será ele?

A vocação para tornar-se humano nos é originalmente transmitida por uma voz que não nos passa a fala sem nos passar, ao mesmo tempo, sua música: a música dessa "sonata materna[1]" é recebida pelo bebê como um canto que, de saída, transmite uma dupla vocação: está ouvindo a continuidade musical de minhas vogais e a descontinuidade significante das minhas consoantes?

Porque o bebê vai ouvir essa dupla vocação, o mundo que lhe será dado guardará a marca de um contínuo e de um descontínuo, no qual terá que se desenrolar sua vida: enquanto, no mundo do descontínuo, ele encontrará o campo da lei que irá discriminar todas as coisas – o bem e o mal, a esquerda e a direita, o antes e o depois –, o mundo do contínuo, que encontrará no instante em que soar a música, se dará a ele

---

[1] P. Quignard, *La Haine de la musique*, Paris, Calmann-Lévy, 1996.

como a entrada num novo mundo, cuja novidade, a cada vez igualmente renovadora, irá se especificar por uma súbita colocação entre parênteses dos limites espaço-temporais que ele recebe da ordem da lei.

Por esse novo mundo que se abre para novos possíveis, ele não é mais obrigado a permanecer no lugar que lhe era atribuído pela lei simbólica: convocado pela música a deixar este lugar, irá se deslocar para habitar, de maneira nova, uma quarta dimensão que não é mais estruturada pela lei da fala. O impulso que vai guiá-lo e orientá-lo nesse novo mundo não obedeceria mais a nenhuma lei?

Certamente que não: mesmo que, respondendo ao apelo da música, ele entre num entusiasmo dionisíaco, o movimento que o animará não será incoerente, e sim guiado.

É desse guia interior que o empurra "para algum lugar" que queremos falar, formulando a hipótese da existência de uma direção específica, orientando esse impulso específico que definiremos como pulsão invocante.

Curiosamente, embora tenha identificado esta quarta pulsão como "a experiência mais próxima do inconsciente[2]", Lacan não fez mais que aflorá-la. Por que ele não se estendeu de maneira tão aprofundada sobre a voz, como fez com o objeto olhar? Sem dúvida porque, como Freud, era muito mais sensível ao universo plástico que ao universo sonoro da música.

Por uma questão didática, seremos levados inicialmente a apresentar a invocação musical como separada da invocação significante que se apodera, por exemplo, da criança quando, articulando seu *fort da*, ela "entra na encantação[3]".

---

[2] J. Lacan, *Séminaire XI*, Paris, Seuil, 1973, p. 96.

[3] J. Lacan, *Séminaire XI*, op. cit., p. 60.

A outra face pela qual o significante se apossa da invocação musical é a face pela qual a linguagem, subtraindo-se à prosa, se faz poesia: a poesia não seria o que extrai o significante do código léxico para alçá-lo ao ponto de onde o não-sentido, próprio da música, dá a ouvir o que tem de inaudito?

Assim, devemos temperar o que dizíamos quando observávamos que Lacan não se deixara interrogar pela música: sua atenção à poesia era para ele o caminho pelo qual se via manifestar sua não-surdez para o real musical.

Se a questão da existência de uma pulsão invocante é decisiva, é que uma tal pulsão permite repensar de maneira nova a articulação da antinomia em que a psicanálise está tomada, na medida em que ela é esse "terceiro que ainda não foi classificado... Apegado à ciência, por um lado, assumindo a textura da arte, por outro lado[4]": com efeito, na medida em que a ciência só pôde nomear seu campo fazendo o luto da causa final aristotélica, a pulsão invocante talvez seja aquilo pelo qual essas duas causas podem cessar de ser disjuntas.

Eis que, no instante em que soa a música, uma estranha metamorfose se apodera de mim: até então eu podia passar meu tempo, na minha relação com o Outro, marcando meu limites para instruí-lo quanto ao limiar que ele não deveria violar para não pisar em meu território íntimo – e eis que agora um Outro se dirige a mim, solicitando um ouvinte inaudito a quem faz ouvir essa novidade siderante: "Em ti, estou em minha casa".

Enquanto em minha vida quotidiana eu sentiria como um violador inaceitável quem quer que pretendesse semelhante feito, eis que não somente ouço a música me significar que

---

[4] J. Lacan, *Les non-dupes errent*, Seminário inédito, 9 de abril de 1974.

está em sua casa em mim, mas ouço também, em mim, uma voz inaudita que lhe responde: "Sim, é verdade, estás em casa".

O que diz este "sim"? É uma presença cuja estranheza absoluta está ligada ao fato de que não tem nome e nada mais é que a do sujeito do inconsciente.

A quem ela diz sim?

A essa estranha absoluta que é a música, a quem ela responde, não segundo o modo freudiano da identificação: "Tu és idêntica a mim", mas por essa dupla negação que corresponde a uma identificação metafórica: "Sim, tu não és estranha ao estranho que eu sou". É nesse impulso a responder esse "sim" à alteridade da música que observamos o primeiro tempo da pulsão invocante.

Tempo, inicialmente, paradoxal, já que, no instante mesmo em que eu podia crer que ia escutar a música, sou desmentido em minha pretensão descobrindo que não sou eu quem a escuta, mas que é ela o bom entendedor, ela que me ouve, que me entende.

Que ouve o quê?

Que ouve a questão silenciosa desse estranho, desconhecido por este campeão do desconhecimento que é o eu e, principalmente, desconhecido de si mesmo, já que esse estranho não é mais que o sujeito inconsciente dele mesmo.

Ora, acontece que a música é a ouvinte que entende o apelo silencioso desse sujeito e, ao fazer isso, arranca-o de sua latência. Dizendo "sim" a esse arrancamento, o sujeito do inconsciente, que ficara desde sempre no esquecimento, transmutou-se em Passante, a partir daí inesquecível, e doravante fará com que se fale dele dançando.

Mas, antes que seja esse agente que agirá a música, dançando-a, esse sujeito passa por um tempo lógico prévio, onde é arrancado à sua latência num movimento de êxtase que o transporta para a cena da ex-sistência. Por que esse transporte é tão siderante? Porque, no instante mesmo em que se atravessa esse limiar, algo de fundamental desaparece: o campo da demanda de amor que até então impulsionava esse sujeito a ser, com relação ao Outro, um demandante, um mendicante, não deixando de estar em busca de uma prova de sua existência.

Por que uma tal demanda de reconhecimento está votada, estruturalmente, à insatisfação?

Na causação do sujeito pelo significante, o sujeito advém como um efeito, cujo paradoxo liga-se ao fato de que este efeito aparece como um produto que conjuga o ser determinado e o ultrapassar toda determinação. Se, como determinado, o sujeito é representado por um significante presente, ele permanece no entanto indeterminado, pois no estoque de significantes falta "o" significante que poderia nomeá-lo.

Tudo se passa como se ao Outro faltasse a palavra que poderia ter nomeado o "eu" [*je*] do inconsciente, como se houvesse, em suma, no Outro, um silêncio, uma falta de termo, no nível da qual o Outro só possa mandar que se cale esse produto de sentido que é o sujeito.

Enquanto o sujeito apreende o Outro de maneira religiosa, a saber, como um ser de Parmênides, idêntico a si mesmo, ele toma a si próprio como criatura privada da amplitude de ser que atribui, segundo sua concepção criacionista, ao Outro: é assim, na medida em que privado do ser que lhe teria sido concedido se tivesse tido um nome, que o "eu" [*je*] do inconsciente, em instância de ser um "não eu", volta-se para o Outro, lugar de sua causalidade, na seguinte demanda: "Eu me pergunto o que tu desejas, eu te pergunto o que eu sou[5]".

---

5 Lacan.

É assim que, nesse "Por que me criaste se tu, que és o detentor do ser, não me transmitiste nem o ser, nem o nome do ser?", o sujeito se engaja quando, em sua demanda, aguarda uma resposta para o seu "por quê?".

Enquanto aguardar uma resposta, o sujeito estará votado a uma crescente perdição que não será apaziguada pelo fato de que a língua lhe outorgue um nome, um sobrenome e um pronome que lhe permitem pronunciar a palavra "eu": quanto mais se engajar em enunciados que lhe permitem martelar, gritar seu nome, sobrenome e pronome, mais deles receberá um eco: "Somos impotentes para te dar uma garantia qualquer da existência do teu 'eu'".

Mesmo que o Outro, dirigindo-se ao sujeito ao lhe dizer um "tu", pareça designar um certo real, essa designação poderá permitir ao sujeito *saber* que ele existe para o Outro, mas não lhe permitirá, no entanto, *crer* naquilo que sabe. O fato de ser possível não acreditar no que se sabe é um dos sentidos do tormento amoroso: o fato de que eu saiba do amor do parceiro não significa que eu seja capaz, no entanto, de crer neste amor.

Ora, aí está o milagre da música: quando ela soa, verifica-se que o "eu", que – enquanto "não eu"– *não sabe* o que ouve, *crê* no que ouve.

Por que o próprio fato de pensar em minha existência logo põe em perigo a crença possível nessa existência? Por que, se o *saber* do eu que se pensa pensando pode outorgar a este eu a capacidade de pensar causalmente o eu da existência como um "logo, eu sou", não pode ao mesmo tempo outorgar-lhe a capacidade de crer na sua existência?

Porque o próprio dessa crença possível é aparecer como a resposta mesma do sujeito ao fato de que ele se constitua como estruturalmente inconsciente de sua causa significante. Ele só se institui como um projeto, que só pode assumir pela simplicidade radical de um "sim" originário, que não pode ser ato de saber, mas de fé.

Por que o eu [*moi*] que pensa: "logo, eu sou" não pode conceber um tal "sim" ao significante? Porque, estruturado pela denegação, o único "sim" a que pode aceder é o efeito de um "não de não*", que difere radicalmente da simplicidade da aquiescência originária que é a *Bejahung*[6].

Nesse sentido, podemos dizer que o único pensamento a que o sujeito do inconsciente – que, aliás, é capaz de pensar de forma muito mais vasta que o eu [*moi*] – pode aceder é o pensamento do "logo": no instante em que soa a música, o sim pelo qual o sujeito responde a ela instantaneamente significa, por seu próprio caráter instantâneo, que não se trata para ele, como para o eu, de pensar: "Eu penso, *logo*, sou ali onde eu penso", mas de advir como um "Eu sou ali onde eu não penso[7]".

Este "eu sou" sem porquê é, assim, o efeito dessa *Bejahung* originária, pela qual a causação do sujeito é traduzível por: "Sim, eu não sou estranho a essa estranha que é a música".

Essa afirmação de um "eu sou" capaz de não pensar a causalidade de um "porque" advém na medida em que a música, só se desenvolvendo com o *tempo*, não solicita a consistência do eu [*moi*] que, sendo *espacialmente* estruturado, vê-se por isso mesmo como abandonado e siderado. É o efeito

---

* No original: *non de non*, que tem homofonia com *nom de nom*, "nome de nome". (NT)

6 S. Freud, *La Dénégation*, trad. franc. de B. This, in *Coq Héron*, nº 52, 1975.

7 J. Lacan, *Les Écrits*, Paris, Seuil, 1966, p. 157.

dessa sideração do eu que, fazendo cair sua função denegadora, cria as condições de acolhida possível, pelo sujeito, do apelo significante do tempo de onde vem a música.

Essa "palavra de apelo" levanta diversas questões: deve-se dizer que este apelo suscita ou desperta o sujeito? Diríamos, em suma, que o apelo cria, *ex nihilo*, um sujeito que *não* estava ali ou que ele arranca de seu esquecimento um sujeito que não estava *mais* ali devido ao recalque?

Diremos, por ora, que o impacto da música não é rememorar, e sim comemorar o tempo mítico desse começo absoluto pelo qual um "real", tendo se submetido ao significante, adveio como essa primeira coisa humana, *das Ding*, no nível da qual aquilo que era absolutamente exterior – a música da voz materna – encontrou o lugar absolutamente íntimo onde as notas poderão dançar.

A partir daí, a música vai dançar na "extimidade" que se tornou o corpo humano. Mesmo que este corpo permaneça fisicamente imóvel, ele será movido pela emergência desse empuxo que fará do corpo um corpo dançante. Não basta um quase nada para que a música que dança no sujeito se torne música que o sujeito dança? Pelo movimento de seu pé, ou de sua cabeça, marcando o tempo, o ouvinte revela que seu corpo é habitado por uma invocação.

O grande enigma dessa metamorfose é que, por ela, o sujeito é brutalmente subtraído ao universo da demanda que o impulsionava, devido à dúvida radical em que ele estava quanto à sua existência de "Não eu", não cessando de perguntar ao Outro: "Por que me fizeste assim privado de ser, que queres então de mim?".

Essa súbita subtração à demanda se manifesta pelo aparecimento de um novo sujeito que, de súbito, não mais duvida. Como se manifesta essa cessação da dúvida? Pelo fato de que o sujeito parece, manifestamente, não mais esperar do Outro uma resposta ao seu "Por que existo, que devo fazer para existir, aonde devo ir?". Tudo se passa, com efeito, como se no instante mesmo em que começasse a dançar, ele soubesse aonde tinha que ir, sem ter mais, daí em diante, que perguntar a quem quer que seja por que deveria ir para ali, nem como deveria fazê-lo.

Simplesmente, ele vai a alguma parte, como que guiado por um ponto virtual que vamos chamar de ponto azul: ponto de onde é esperada a produção da "nota azul[8]".

Vamos distinguir, pois, a demanda da pulsão invocante. A demanda é, então, uma exigência absoluta feita ao Outro, de que se manifeste aqui e agora. Se o sujeito está numa posição de dependência absoluta do Outro, é porque cedeu a este o poder de satisfazê-lo por completo, ou não satisfazê-lo. A invocação dançante, ao contrário, é um movimento que retira o sujeito dessa dependência: invocante, o sujeito é guiado, orientado em direção a um "ponto azul" que ainda não está presente, mas que se situa num porvir possível, de onde convoca o sujeito como pura possibilidade.

A possibilidade de crer na existência desse ponto de apelo detém o estranho poder de fazer evoluir os gestos desajeitados e imprecisos do sujeito em direção a um movimento súbito, habitado pela graça e pela precisão, como se com o desaparecimento da dúvida pudesse desaparecer a indecisão que parasitava os movimentos do sujeito e surgir uma espécie de decisão nova: decisão de ir em direção a.

---

[8] A. Didier-Weill, *Les Trois Temps de la loi*, Paris, Seuil, 1996, cap. 4.

O que há de mais atraente nessa saída da indecisão é que ela outorga daí por diante ao movimento do corpo dançante o caráter gracioso da beleza, que impõe de imediato esta questão: como devemos compreender a significação do caráter desgracioso que com tanta freqüência, ao sair da infância, se apodera do corpo humano? Se queremos compreender essa falta de graça, essa falta de jeito do corpo que aparece com a adolescência, diremos numa primeira aproximação que ela se define pelo fato de que o sujeito cessou de sentir-se "em casa" em seu corpo e que, inversamente, este corpo cessa de estar "em casa" no sujeito.

Quer esteja espremido dentro de um corpo grande demais, desengonçado num corpo pequeno demais ou paralisado por um corpo que julga feio, o sujeito se sente estranho a um corpo que não habita mais e que não o habita mais.

Essa metáfora da habitação nos leva a dizer que estamos em presença de um locatário que cessou de estar ligado a seu proprietário por um contrato com o poder de significar que entre um e outro há uma continuidade.

Essa descontinuidade onde o sujeito e o corpo estão, um e outro, no exílio é para nós a própria origem do dualismo grego, não estranho ao cristianismo paulino que tende a situar o corpo como o túmulo da alma.

Mas essa perspectiva dualista, onde a alma é a locatária de um túmulo, é contradita pelo que a experiência da dança nos ensina: a partir do momento em que soa, arrancando o sujeito de sua latência, a música tem a propriedade de subverter todas as relações dualistas, já que por um lado ela adverte o sujeito de que ele se tornou este lugar onde ela dança – como se ela estivesse então na propriedade dele – e por outro lado adverte o sujeito de que ele pode dançar nela, como se estivesse na propriedade dela.

Essa continuidade induzida pela música entre o corpo, o espírito e o sujeito nos levanta uma questão sobre a estrutura do sintoma: o sofrimento psíquico criado pelo sintoma não seria a percepção endopsíquica de uma alienação de liberdade induzida pela descontinuidade do corpo, do espírito e do sujeito?

Sofrimento do sintoma

Aparentemente a dor própria ao sintoma é o efeito de um dano que, agindo sobre o sujeito e sobre o corpo, priva-os, a um e outro, de suas possibilidades: de um ponto de vista objetivo, esse prejuízo se define pelo fato de que sujeito e corpo estão privados de sua meta que, para um, liga-se à capacidade de se deslocar na fala e, para outro, de se deslocar no espaço.

De fato, a essência do sofrimento sintomático nos ensina que este não se liga ao efeito objetivo de uma perda de função: o sofrimento da perda hemiplégica das funções locomotoras do corpo ou da fala é profundamente diferente do sofrimento causado pelo sintoma quando este adverte o sujeito de que é uma causa interna psíquica que o priva do acesso ao movimento da fala ou do corpo. Nesse sentido, podemos dizer que a essência do sofrimento sintomático vem da percepção endopsíquica de uma impossibilidade de chegar a advir e que a significação dada a essa impossibilidade é aquela que dá sentido, por sua própria negação, ao termo "liberdade".

Se a tonalidade do sofrimento do sujeito parkinsoniano e aquela do sujeito parasitado por tiques de origem psíquica não são as mesmas, é que no segundo caso o sujeito tem a percepção endopsíquica de um determinismo inconsciente, ao qual sabe que teria podido não obedecer. Que o não impossível se tenha tornado proibido para ele faz o sujeito considerar que, perdendo o acesso a uma escolha inconsciente[9], perdeu o acesso ao sentido dessa coisa que lhe aparece retroativamente – enquanto perdida – como fantasma da liberdade. Aí está o essencial do sofrimento sintomático.

As três faces do sintoma: perda do inaudito, do invisível, do imaterial

A Jean-Pierre Klein[10]

Afirmamos que a dor do sintoma é efeito da percepção endopsíquica da perda da continuidade entre o real, o simbólico e o imaginário. Este desaparecimento das três interseções, que são o inaudito (R/S), o invisível (S/I) e o imaterial (I/R), produz três tipos de dualismos que encarnam as três faces do sintoma.

– Quando o sujeito vai cessar de estar em continuidade com o significante, ele perde essa terra de asilo que lhe é própria e que é o terreno do inaudito. Impedido de permanecer nesse para-além do sentido, é votado ao silêncio: silêncio do autismo, silêncio do tímido ou silêncio do tagarela, na medida em que a tagarelice de uma certa prosa está ali para recobrir o silêncio do poético.

---

[9] Essa questão da "escolha inconsciente" foi objeto de um colóquio organizado em Marselha, em 1997, por A. Feissel e M. Bensoussan, publicado em Marselha pelas Éditions du Hasard. As linhas que seguem dão conta de alguns dos pontos debatidos.

[10] J.-P. Klein, "L'ange, la bête et le danseur", in *Art et Thérapie*, nº 55, 1997.

– Quando a imagem do corpo perde sua continuidade com o significante, ela cessa de ser "invisibilizada" pela ascendência da fala, que detém o poder de recordar a existência de um inimaginável na imagem corporal. A partir daí o corpo, privado de sua relação com esse ilimitado que é o invisível, vê-se, como no exílio, restringido ao simples limite de sua imagem visível.

Aí está a origem de múltiplos sofrimentos pelos quais um sujeito é levado a sentir-se pouco à vontade em sua imagem: perdido num corpo gordo demais, desajeitado num corpo pequeno demais, ele sofre por sentir-se desgracioso.

– Enfim, quando é a materialidade do corpo que está em descontinuidade com o sujeito, a matéria corporal, cessando de ser aliviada por uma presença falante, perde o espírito de leveza que a subtraía ao peso terrestre e responde à pressão do peso com o sintoma da depressão.

Vemos, assim, que há três faces na dor sintomática e que cada uma delas corresponde a um certo tipo de exílio próprio a todo dualismo: exílio do sujeito com relação ao significante, com relação à sua imagem e com relação à materialidade de seu corpo.

O enigma absoluto de que se trata agora de dar conta, se quisermos tentar dar uma definição, ainda que pouco rigorosa, a esse termo vago que é "liberdade", é o seguinte: na medida em que vivemos num mundo linguageiro clivado entre uma descontinuidade sonora trazida pela fala – da qual as consoantes são o primeiro suporte – e um movimento de continuidade sonora – cujo primeiro suporte são as vogais –, como devemos dar conta do fato de que o campo semântico da música detém o poder de romper com as descontinuidades dualistas entre o corpo, o espírito e a fala para substituí-las por um mundo de continuidade que iremos interrogar?

Se essa pesquisa sobre a metamorfose induzida no corpo pela música[11] nos interessa, é que ela nos dá uma porta de entrada para essa significação enigmática que tem a liberdade para o inconsciente: por que, quando dança, o homem não tem o pressentimento, e sim o sentimento de ser livre?

As três faces do contínuo

A France Schott-Billmann[12]
e a Jacqueline Assabgui[13]

O INAUDITO: CONTINUIDADE DO SOM E DO SUJEITO DO INCONCIENTE

Se quisermos qualificar o modo de continuidade que se institui entre o sujeito e o som originário, diremos que ele corresponde a este tempo originário onde um real primordial submete-se ao significante segundo uma interseção primordial real-simbólica.

Essa "submissão" originária talvez remeta à paixão originária do primeiro encontro: encontro através do qual um sujeito suposto é arrancado a sua indeterminação, na medida em que, ao inaudito do som que soou para ele como um ape-

---

[11] É essa questão que justifica a tradição xamânica e, hoje em dia, a eclosão da musicoterapia.

[12] F. Schott-Billmann, "Quand la danse guérit", in *La Recherche en danse*, nº 7, 1994.

[13] J. Assabgui, *La Musicothérapie*, Paris, P. Grancher, 1991.

lo, nada mais pôde fazer senão responder: "Sim, o inaudito é realmente essa pátria onde posso habitar e pela qual posso ser habitado".

Este "sim" pelo qual um sujeito se enuncia como causado pelo som não é um saber sobre sua causa: é um puro gozo, testemunhando que um real adveio à ex-sistência.

O INVISÍVEL: A CONTINUIDADE DO SOM E DO CORPO

O sujeito, extaticamente saído de sua latência, vai agir essa saída inaudita por intermédio de seu *corpo*, que assume de imediato o lugar dessa saída pelo movimento que o leva a dançar.

Com a aparição do movimento, uma metamorfose se opera: o espírito da música, que era inaudito e ilimitado, encarnando-se num corpo cujos movimentos vão explorar seus próprios limites, vai cessar de ser invisível para tornar-se visível. Mas essa visibilidade do corpo tem algo de paradoxal: ela só advém por intermédio de um corpo velado, sobre o qual o tapa-sexo nos instrui: tu só és visível porque o real cobrou o imposto que te recorda que, se adquiriste a visibilidade, é porque uma parte de ti adquiriu a invisibilidade.

Enquanto a visibilidade é outorgada pelo fato de que a imagem detém o poder de imaginarizar o real do corpo, a invisibilidade liga-se ao fato de que essa imagem detém uma dupla propriedade: se tem uma ascendência sobre o corpo que pode velar (I/R), por outro lado ela tem a propriedade, enunciada no segundo mandamento mosaico, de estar sob a ascendência do simbólico (S/I), que se afirma como esse para-além da imagem que é o invisível. É assim, por intermédio da parte de invisibilidade que induz na imagem (S/I), que o espírito da música, enquanto inaudito (R/S), tem o poder de agir sobre a parte visível do corpo (I/R), extraindo de sua especularidade alguma coisa não especular.

Tudo se passa como se o som, depois de ter submetido o sujeito do inconsciente, dando-lhe a morada do inaudito, submetesse também a parte visível do corpo, dando-lhe como local de habitação o invisível. Mas, enquanto o inaudito do som age diretamente sobre o sujeito do inconsciente, ele só age sobre o corpo por intermédio de sua imagem visível na medida em que a negativiza: concede, assim, um lugar de invisibilidade onde o inaudito, como ilimitado, poderá encontrar seu lugar dançando num corpo ao mesmo tempo limitado e ilimitado.

O movimento humano[14] detém assim o poder de nodular uma antinomia: agido por um corpo, ele se desenvolve num espaço estruturado ao mesmo tempo pelo limite que o corpo recebe de sua visibilidade e pelo ilimitado que o corpo recebe devido ao fato de sua imagem ser furada por um real invisível.

O movimento, assim, é isso pelo qual o inaudito pode encontrar um limite visível em que pode se encarnar, na medida em que esse visível está em continuidade com um lugar invisível onde pode encontrar uma acolhida para deixar dançar o que tem de ilimitado.

Mas essa noção de um corpo posto em movimento pela encarnação de uma sonoridade inaudita expõe, implicitamente, a noção de uma anterioridade do som com relação ao movimento.

---

[14] P. Lory, "Mouvement et danse dans la mystique musulmane", in *Art et Thérapie*, nº 55, 1997.

Ora, situar o originário no som esvazia a complexidade do real em jogo, na medida em que a própria existência da possibilidade de uma dança em sujeitos surdos de nascença levanta a seguinte questão: a execução do gesto não seria o ato primordial que permite ouvir, pelo fato mesmo de dançar, uma música interior?

A idéia da existência de uma música interior, inaudível para os ouvidos, não é de modo algum uma novidade: o impulso da filosofia grega se deu com a retomada, por Platão e Aristóteles, da meditação que levara Pitágoras a enunciar que o real do mundo, estruturado pelos números e pelas relações entre os sons musicais, era, por conseguinte, de ordem musical.

Com essa noção de harmonia universal, Pitágoras supunha a existência de uma música produzida pelos astros que se movem no cosmos segundo leis numéricas harmônicas, que só a insuficiência de nossa natureza nos impede de perceber. A escuta de sons indiscerníveis pela percepção auditiva não somente é confirmada pela existência daquele que dança, mesmo sendo surdo, mas o é também pela existência do surdo que se chamava Beethoven; e transcrevia uma música que não podia ouvir com seus ouvidos.

O que responderíamos a Pitágoras que, sem dúvida, teria dito sobre o surdo dançante, ou sobre o surdo ouvinte que era Beethoven, que ambos eram bons ouvintes da música das esferas?

Que ele estava com a razão. Apenas, uma distinção se impõe: o fato de que um surdo possa dançar, ou de que um outro surdo possa ouvir, não significa que eles respondam a um mesmo real – a música das esferas –, mas antes que eles respondem a dois reais que, ao mesmo tempo que são distintos, estão no entanto *em continuidade*.

Para pensar essa continuidade, inclinamo-nos a dizer que ela se funda nesse ponto originário comum que é a conquista do tempo: se a música é o que permite *ouvir* a existência do ritmo temporal, a dança é o que *mostra* a passagem do ritmo nesse tempo. Como se manifesta a continuidade entre o instante de ouvir e o instante em que o gesto mostra? Pelo fato de que o gesto da dança está em estrita sincronia com as notas de música ouvidas: contrariamente, de fato, ao que se passa no campo da fala, onde o falante está sempre defasado na sua resposta ao Outro, ao qual só responde depois de um tempo de latência, por fugidio que seja, no campo da dança o dançarino na efetuação de seu gesto está perfeitamente em fase com aquilo que ouviu de inaudito.

Se, inversamente, quando vemos um surdo dançar ouvimos instantaneamente – como se fôssemos Beethoven em pessoa – essa música inaudível que é a música das esferas, é porque existe mesmo continuidade entre o real do corpo invisível levado à existência pelo movimento e o real inaudito do inconsciente levado à existência pelo som.

Quer seja o movimento do corpo humano, ou do corpo celeste, que possa fazer ouvir uma música, quer seja a música que possa levar o corpo humano ou a esfera celeste a mover-se, existe num e noutro caso, no seio de um tempo que diremos primordial, um encontro no qual corpo e espírito não mais estão numa relação de descontinuidade dualista – que faz o leito do movimento desgracioso –, mas numa relação de continuidade onde observamos a raiz do gesto gracioso.

Seremos levados, ulteriormente, a supor que aquilo que extrai o sujeito do tempo primordial anistórico – que as sociedades xamânicas chamam tempo sagrado – é o ato psíquico que vamos definir como recalque originário, pelo qual o sujeito entra no tempo profano que é o tempo histórico: o preço a pagar para entrar num mundo histórico onde o corpo humano advém como ao mesmo tempo habitado por um sexo e por uma fala é o de um dualismo que levará o corpo a viver exilado do significante.

Teremos a dizer em que este exílio é o da liberdade. Nesse sentido, vamos propor apreender que uma maneira de compreender o que é o ato de sublimação é o modo pelo qual um sujeito pode se ver reencontrando um tempo primordial que, se, como diz Freud, é um tempo de dessexualização, não corresponde no entanto à dessexualização de que Freud fala. Enquanto, para ele, "dessexualização" significa subtração psíquica a um *primum movens* que é o sexual para nós – e nisso seguimos o ensinamento de Lacan –, a aparição do objeto sexual não é, como para Freud, originária, e sim aquisição secundária advindo depois da ação dessa causa material que é o significante primordial.

O tempo primordial de que falamos é o tempo da criação do tempo, o tempo gerador de um tempo gerado que advirá, na história, como mensurável pelos segundos, as horas e os séculos, passíveis de inscrição tanto num relógio como num calendário.

O ensinamento que a psicanálise recebe da psicose nos autoriza a dizer que o começo absoluto da coisa humana pode, em caso de foraclusão, não se produzir. Sua capacidade de ser produzido implica a transmissão pela mãe do "espírito" do significante[15]. O que dissemos até aqui nos autoriza a dizer que esse espírito pode passar tanto através do som, por inter-

[15] "Espírito" se emprega aqui no sentido de "dito espirituoso".

médio da sonata materna, quanto através dos gestos de uma mãe surda-muda. Se há, como supomos, continuidade entre o real inaudito do inconsciente e o real do corpo, isso implica que os gestos do corpo materno detêm o poder, transmitindo a parte de invisibilidade desse corpo, de transmitir, ao mesmo tempo, o real inaudito do inconsciente: o "terceiro ouvido" – o do sujeito do inconsciente – ouve tanto o som que está no movimento quanto o movimento que está no som.

A tradição mística sufista é, sem dúvida, no mundo monoteísta, aquela que nos permite prolongar particularmente a noção de terceiro ouvido. Nessa perspectiva, os trabalhos de Jean During recenseiam as ocorrências que os místicos sufistas atribuíam à noção de uma audição espiritual nomeada Samá.

O sábio cuja "audição do coração" é despertada é, assim, aquele que ouve o canto silencioso dos minerais, das plantas e dos animais, assim como ouve a harmonia das esferas, pois o Samá não tem necessidade de ouvidos externos[16].

Para nós, interessados no mecanismo da foraclusão, o que é fundamental na noção de Samá *é essa idéia de que a alma humana só pode ouvir o verbo que lhe é dirigido* se esse verbo for habitado por uma melodia[17].

A foraclusão não seria aquilo que pode ser induzido no recém-nascido quando a voz materna que se dirige a ele é desprovida de musicalidade? Penso, por exemplo, na psicanalista de uma criança autista que me dizia ter observado que quando a mãe falava sobre aquela criança tinha uma "voz de cabeça", isto é, uma voz desprovida desse sopro profundo que, quando veste a fala, atribui-lhe uma musicalidade.

---

[16] J. During, *Musique et extase*, Paris, Albin Michel, 1988, pp. 50-51.
[17] Ibid., p. 38.

A IMATERIALIDADE: CONTINUIDADE DO SUJEITO E DO CORPO

O que vai conferir ao corpo que dança esse espírito de leveza que, arrancando-o ao peso de seu corpo, lhe dá a capacidade de voar? Em que essa questão de vôo, seja a de Leonardo da Vinci ou a de Nietzsche, é especificamente humana?

Para definir o efeito induzido sobre o real do corpo por seu encontro com o inaudito e o invisível, diremos que este efeito é o de imaterializar sua materialidade pesada.

Três fatores concorrem para subtrair o corpo a essa lei do real que vota sua materialidade pesada à queda dos corpos: a forma visível que ele recebe, devido ao próprio fato de ser velado, contribui para uma primeira separação do informe, que não é dotado de nenhum poder de ascensão. A forma que o mármore adquire num vaso, que a madeira adquire numa mesa, não contribuirá para que o peso não aja da mesma forma sobre o mármore e sobre o vaso, sobre a madeira e sobre a mesa?

Se o vaso parece pesar menos que o mármore, não será porque o gesto de seu autor soube fazer esquecer a força da gravidade a que estava submetido o mármore, tornando transmissível uma força ascensional, a qual como que imaterializou a matéria-prima, conferindo-lhe um começo de leveza?

Trata-se, efetivamente, apenas de um começo, já que o véu que dá uma forma visível ao corpo abre-o, ao mesmo tempo, a uma parte invisível pela qual o corpo especular se imbrica num real não-especular que não está relacionado com o espacial, mas com o ritmo. O invisível é a porta para esse para-além do visível que é a pulsação sobre a qual irá dançar o corpo que, por meio de sua invisibilidade, encontra o inaudito: encontra-o, seja porque ouve a dimensão inaudita do sujeito do inconsciente e este ouvir o faz dançar, seja porque é seu movimento que faz ouvir essa música das esferas, inaudível para os ouvidos, mas não inaudível para esse ouvinte do inaudito que é o sujeito do inconsciente.

O fato é que há, entre o corpo e o inaudito do sujeito, uma colocação em continuidade pela qual a matéria corpórea, habitada pelo inaudito, é posta em vibração, imaterializada.

O contínuo espírito-matéria-sujeito e o ponto azul

A Marc-Alain Ouaknin, homem o quê[18]*?*

Assim, essa tripla colocação em continuidade subverte os aspectos dualistas do sintoma em que estavam nodulados o corpo sexuado e o sujeito falante, antes que fossem metamorfoseados pela dança:

– devido ao dualismo entre o espírito e o sujeito, o sujeito falante, exilado do inaudito, perdera simbolicamente a liberdade de advir ao lugar para onde voltou dançando;

– devido ao dualismo entre o corpo e o espírito, o corpo estava exilado no limite de sua imagem visível, pois havia perdido a liberdade de permanência no lugar ilimitado da invisibilidade;

– devido ao dualismo entre o corpo e o sujeito, o corpo subtraído ao inaudito gerador de possível imaterialidade estava

[18] Agradeço a Marc-Alain por me ter permitido renovar o questionamento que recebia da "nota azul".

exilado na sua materialidade física que o votava, através da depressão, à lei física da pressão terrestre.

É assim que, pela realização desse contínuo entre inaudito, invisibilidade e imaterialidade, cada um dos três parâmetros que nodulam essa mistura que é o humano cessam de não ser livres para atingir o lugar onde são esperados para existir.

Devido ao próprio fato de sua colocação em continuidade, cada um dos três caminha no mesmo passo: o passo de dança.

Este outro tempo, que não o determinado pelo relógio, não seria o tempo da sublimação? Se, no nível desse tempo primordial, o presente e o porvir não estão mais numa relação de causalidade, é que o porvir já está presente no instante: ele está, no próprio instante, no tempo presente e é como este dom, que é *um* presente.

Isso significa que o presente dionisíaco, encontrado no passo de dança, tira seu sentido de um impulso invocante pelo qual corpo e espírito só se movem por serem convocados por um ponto que reside num porvir indefinido.

A existência de um tal "ponto azul" é subtraída a todo saber possível, pois encarna a causa absoluta do sujeito e por sua causa o sujeito, como inconsciente, é fundamentalmente inconsciente. Se não é acessível ao saber, em compensação este ponto é aquilo pelo qual o sujeito acede à possibilidade de ser soberanamente guiado, de ser posto em movimento em direção a.

É porque esta causa pode cessar de estar *por trás* do sujeito, para vir *à frente* dele, num tempo futuro, que o sujeito pode não errar e ter a liberdade de dizer: "eu venho" a este ponto azul, cuja vocação é invocar sua vinda. Que os gestos do sujeito percam o caráter desgracioso que pode ocorrer quando não são guiados pelo "ponto azul" e que adquiram o caráter gracioso de um corpo dançante, este é o sinal irrefutável de que eles exprimem a liberdade de um "eu venho", autenticamente orientado.

Logo, eu danço e sou levado a descobrir que a mestiçagem que me institui como feito de um corpo, de uma imagem e de uma fala produziu uma mestiçagem de um novo gênero, na medida em que a descontinuidade que mantinha no exílio este corpo, esta imagem e esta fala foi substituída por um novo modo de vizinhança topológica, por intermédio de uma colocação em continuidade do real, do simbólico e do imaginário.

Se é com um mesmo passo que avança, doravante, aquilo que em mim se origina das interseções do inaudito, do invisível e do imaterial, trata-se de compreender de que é feito o tecido temporal que estrutura esse avanço.

Se, por um lado, sou movido pela presença de um ritmo cujo tempo convoca o retorno repetitivo do tempo que consente, desse modo, em dar o presente de sua presença, por outro lado sou movido por um apelo inteiramente outro, que não o do presente: o movimento pelo qual o som, o corpo e o sujeito se conjugam não é somente a expressão de um entusiasmo que não teria outra finalidade senão o instantâneo dionisíaco: ele é a expressão de um movimento guiado, exprimindo uma espécie de decisão interior de ir em direção a.

Em que direção? Aí está o enigma: digamos que tudo se passa como se o sujeito, ao dançar, entrasse na busca transmitida pela própria expressão dos seus gestos, do alcance de um ponto virtual onde ele seria como que esperado: é pelo movimento de um dedo, de um cílio, da nuca que o sujeito manifesta que responde a essa espera. Como, sem ser louco, pode ele fazer a suposição da existência de um tal ponto de apelo?

Chamamos esse ponto de "ponto azul" porque o articulamos à capacidade do sujeito, dividido pela tensão produzida entre a harmonia e a melodia, de atingir uma certa nota – ainda não presente – no nível da qual a tensão entre a sincronia harmônica e a diacronia melódica poderia ser resolvida. A transferência para essa ausência – que chamamos a nota azul[19] – é, assim, a possibilidade de um ato de esperança no fato de que o que ainda não está lá possa cessar de não estar. A música que pode às vezes nos oferecer essa nota azul – assim batizada por Delacroix em carta dirigida a Chopin – nos ensina que a esperança que pode nos levar a esperar a promessa dessa nota prometida pode não ser vã.

Em contrapartida, a experiência me ensina que se quisesse dela me apoderar cantarolando-a ou cantando-a à minha moda, seria em vão esperar que ela me pudesse oferecer o que me prometia de significância: a alteridade se assenta de tal modo nessa nota que ela não pode me encontrar e eu não posso encontrá-la a não ser que me venha de uma exterioridade absoluta, sobre a qual não posso ter domínio algum.

O fato é que a transferência para essa ausente me dá asas e, sobretudo, a coragem de consentir que ela me arrebate do mundo especular onde estava até então, para me fazer franquear o limite que, sem ela, talvez não ousasse atravessar: limiar do mundo da dança, onde só posso ousar entrar se soltar as amarras que me retinham no universo espaço-temporal onde estava há um segundo. O novo mundo para o qual consinto em me deslocar, quando soa a música, eu não situo mais, é um

[19] Conferência no seminário inédito de Lacan, "L'insu que sait de l'une bévue s'aile à mourre". Seminário de 21 de dezembro de 1976.

mundo que cessa de ser limitado pela orientação espaço-temporal que recebia da lei simbólica.

A primeira significação do ato de dança consiste em habitar imediatamente, pelo movimento, esse novo espaço-tempo estruturado pela amplitude do ilimitado: dançando esse puro excesso que é o ilimitado, o sujeito, ultrapassando seus limites, se ultrapassa e descobre *o que ele não é mais*: ele cessa de ser limitado pela lei especular (torna-se invisível), cessa de ser limitado pela lei da gravidade (torna-se imaterial), cessa, enfim, de ser limitado pelo tempo da causalidade histórica para fazer a experiência de um tempo absolutamente outro. Ele vai cessar de habitar no tempo mensurável para ser habitado pela dimensão de um tempo absoluto.

Para captar a especificidade desse tempo absoluto gerado pela música, é preciso compreender como ele subverte o tempo maquinal contado por essa máquina que é o relógio: enquanto, no tempo histórico, o presente se precipita para o porvir, no tempo absoluto o que está por vir já está no presente, como se não houvesse distinção entre o porvir de onde pisca a nota azul e o ritmo que lembra o presente.

Enquanto o passo do dançarino é simultaneamente guiado pelo presente do ritmo – causa material – e pelo apelo da nota azul – causa final –, o passo que, por exemplo, corre atrás das honras é guiado por essas duas causas, mas na medida em que não-simultâneas. Quando François Miterrand dizia que, para ser capaz de ser presidente da República, era preciso pensar somente nisso durante trinta anos, desde o momento em que, pela manhã, se amarram os cordões dos sapatos, ele dizia o seguinte: durante trinta anos, cada gesto de minha vida só encontrou sentido na espera de um acontecimento histórico objetivo. Durante trinta anos, aproximei-me desse acontecimento por uma quantidade de atos que acabaram por surtir o efeito esperado.

É essa cronologia histórica de causas a efeitos que desaparece na relação do homem que dança guiado pelo ponto azul: no instante em que dança, a nota azul, embora objetivamente ausente, está para ele simbolicamente presente. Essa presença, portanto, não é, como o acontecimento histórico esperado por Miterrand, o efeito produzido por uma causa que é o agir do sujeito: ela é, ao contrário, a causa imediata desse efeito que é o sujeito.

O tempo absoluto não é o tempo que o ambicioso suporta por uma causa final, mas o tempo onde, desta causa, o sujeito não tem que se aproximar estrategicamente, já que é essa causa que se aproxima dele, fazendo dele seu próximo: nesse nível onde causa e efeito são indissociáveis, surge o tempo que, rompendo com o determinismo do antes e do depois, introduz à função de um para-além do tempo histórico.

Enquanto o pensamento religioso objetiva e discrimina tempo histórico e tempo anistórico, chamando-os de tempo profano e tempo sagrado, a psicanálise, na medida em que se possa deixar ensinar pela existência da clivagem entre o som musical e a fala, pode escapar a esse dualismo, pensando, precisamente, o ponto de continuidade entre tempo histórico e tempo anistórico. Uma das maneiras de abordá-lo de um ponto de vista psicanalítico consiste em pensar o laço entre a transferência atualizada pela rememoração histórica e a função da transferência ligada à estrutura.

Por que um não poderia agir sem o Outro? Porque não basta que o analisando possa, devido à transferência histórica, revisitar sua história singular: é preciso ainda que ele possa, quando levado a demarcar seus pontos de repetição traumáticos, subtrair a repetição ao poder alienador do supereu. Se existe uma tal possibilidade de subtração, é que o sujeito pode, no seu modo de revisitação do tempo, fazer uma viagem que, depois de tê-lo conduzido a reviver sua história e seu trauma, vai levá-lo a reencontrar o ponto do tempo anterior ao tempo histórico: ponto de onde subsiste no sujeito uma parte de indeterminado que não é regida pelo determinismo de sua história.

É porque permanece uma tal parte de indeterminação no sujeito e que, a esta parte, o sujeito pode aceder pela intercessão de uma nova relação com o tempo, tornada acessível pela possibilidade de uma transferência anistórica, que a cura do sintoma é possível.

Definimos, a partir daí, a possibilidade que tem o sujeito de escapar a seu determinismo histórico encarnado em seu sintoma, pela possibilidade de retornar a esse ponto de partida do tempo "absoluto" onde permanece um indeterminado infinito, no nível do qual se pode tornar a jogar com essa parte de maneira diferente da que se joga com um sintoma.

Se a transferência ao tempo anistórico permite desnodular o sintoma, é pela entrada em jogo da pulsão de vida e da pulsão de morte. Não se trata aí da função de destruição que Freud atribui à pulsão de morte, mas da função desempenhada pela pulsão de morte – que Lacan compara, nesse ponto, à função do espírito santo[20] – de anular todas as significações já conhecidas a fim de que possa aparecer um vivente radicalmente novo. O poder de anulação do sentido já adquirido, abrindo o campo de uma promessa significante nova, não é

---

[20] J. Lacan, Seminário IV, *La relation d'objet*, Paris, Seuil, 1994, p. 8: "O Espírito Santo é a *entrada* do significante no mundo. É isso, muito certamente, o que Freud nos trouxe sob o termo instinto de morte".

isso o que é posto em jogo pelo "ponto azul" a partir do qual a pulsão invocante nos parece a partir de agora passível de ser inserida na teoria freudiana?

Levar em conta uma continuidade entre o tempo histórico e o tempo absoluto nos permite repensar a questão do fim da análise: quando todas as ilusões ligadas à história do sujeito caíram, o sujeito, porque desiludido, será conduzido a um pessimismo que o leve a suportar a vida como um fardo?

Se tal é, por vezes, o caso, não seria porque a perda da transferência que o sujeito havia historicamente estabelecido para com tal ou tal ilusão induziu a uma solidão tornada cruel porque o sujeito não encontrou o caminho de uma transferência para o tempo absoluto? Ele vive, desde então, num tempo histórico, tendo cessado de ser vivificado por um renovamento de significância que a entrada em jogo da pulsão invocante poderia ter feito advir.

FREUD, DIONÍSIO E A TRAGÉDIA

A Maria Daraki e a Jean Paris

Existe, na relação de Freud com Édipo, uma zona de obscuridade, um véu que queremos levantar.

O Édipo de que Freud nos fala é o lugar de um encontro entre duas estruturas que se deve discernir: a do mítico e a do trágico.

Esse discernimento não foi realmente feito por Freud, na medida em que ao extrair da tragédia de Sófocles o mito do

Édipo ele põe no mesmo plano o campo do mito e o do trágico, sem levar em conta que, através de Sófocles, ele recebe algo inteiramente diverso de um mito, a saber, o efeito do discurso trágico nascido no Século VI antes de nossa era, em Atenas, na seqüência da evolução que se estendeu por vários séculos de um rito muito complexo, dedicado ao mais obscuro dos deuses gregos, Dionísio.

Se afirmamos que a inteligibilidade do Édipo aumenta quando se tenta articular o mito ao trágico, é porque o conflito edipiano posto em cena pelo mito tem ligações de alta significância com o conflito encenado de maneira despojada pela estrutura trágica que opõe, numa tensão irredutível, o coro e o ator, separados um do outro por essa linha de demarcação, essa hiância que é a aparição da cena trágica.

A cena, com efeito, é este lugar vazio que surgiu no dia em que Téspis teve a idéia de arrancar à plenitude de um coro cantando em uníssono a paixão dionisíaca um dos seus membros, para opô-los um ao outro, num face-a-face inteiramente inédito.

O ato de nascimento do ator está aí, nessa separação ao fim da qual um sujeito separado de sua origem – o coro cantando o ditirambo – vai cessar de cantar, na medida em que vai começar a falar.

Se a significação dessa separação, por intermédio da cena, entre o canto coletivo originário e a fala do ator exige ser repensada por psicanalistas que recolhem, quotidianamente, o legado freudiano, é que o Édipo de que nos fala Freud não é somente o herói da lenda daquele que mata seu pai e deita-se com sua mãe, é também o ator que, diante do coro cantante, herda o dispositivo trágico, sobre o qual é fundamental compreender em que ele sucede ao coro ditirâmbico que cantava e dançava a paixão de Dionísio. Impossível, com efeito, penetrar a essência da estrutura trágica se não se compreender como, e por que, a fala do herói trágico nasce na medida em que ela é arrancada um dia à dimensão de uma música sacra.

Nesse sentido, queremos examinar quais são as conseqüências para a teoria psicanalítica do fato de Freud não haver recolhido, como pôde fazer um Nietzsche, a questão que a fala trágica recebia de sua cepa musical originária.

O que nos autoriza a dizer que observamos, na atenção de Freud ao mito de Édipo, um certo desvio de seu olhar em direção à própria especificidade da estrutura trágica é que sua grande curiosidade quanto às divindades gregas, da qual nos deixou numerosos testemunhos, parece ter poupado a mais estranha das divindades, que vem a ser Dionísio. Como devemos compreender, tendo em vista a dívida fundadora que Freud contrai com a tragédia, que seja precisamente de Dionísio, o deus transmissor da tragédia, que ele jamais falará?

Esse silêncio de Freud no que concerne à causação do trágico nos questiona sob mais de um aspecto.

Freud, que denunciou com a intrepidez que conhecemos as manifestações patentes e latentes da censura social, teria se alinhado, sem saber, na série dos grandes censores ocidentais que, desde Platão e Aristóteles até os Pais da Igreja, partilharam uma desconfiança suficientemente profunda desse deus para propor censurar o que este dava a ouvir? Nesse sentido, teremos que examinar o sentido da decisão conciliar[21] que levou a Igreja a assentar o desenvolvimento da música clássica na aceitação do modo musical de Apolo (modo dório) e na rejeição categórica do modo musical dionisíaco (modo frígio)[22].

---

[21] O Concílio de Trento.

[22] G. Rouget, "Sur l'étude des modes dorien et phrygien", in *La Musique et la transe*, Paris, Gallimard, 1980, pp. 267-349.

O fato de que esse modo frígio – que fazia ouvir uma variante musical especial batizada *triton diabolicum* pela Igreja – tenha podido ser reencontrado por um povo na escravidão que, cantando *blues* no início deste século, encontrou o suporte de uma estranha esperança nos dá uma primeira indicação do que é o poder de uma música de estrutura dionisíaca.

Que a este poder se deva, entre outras coisas, o engendramento do discurso trágico é um fato que suscitou o espanto de Nietzsche e que merece continuar a suscitar o nosso, se quisermos aceitar essa questão, que não foi sustentada por Freud: que relação subterrânea existe entre a música e a fala? Em que um modo musical, quando transmitido pela lira de Apolo, dá a ouvir uma consonância conciliável com a censura cristã? Inversamente, qual era a dissonância que dava a ouvir a flauta de Dionísio e que não era compatível com a censura dos filósofos gregos e cristãos? O caráter patente dessa incompatibilidade entre Dionísio e a sabedoria grega não é posto em evidência, de maneira espetacular, pela brevidade de vida da tragédia grega, cujo discurso saiu de cena depois de um século de existência?

A ignorância voluntária, por Freud, de um Dionísio musical inspirador do ditirambo[23] e do coro trágico é uma coisa. Outra coisa é a questão da desconsideração por Freud da função dedicada a Dionísio na gênese desse novo tipo de religiosidade que se instalou em Atenas por volta do Século VI a. C., ao final de um conflito, que poderia ter sido insuperável, entre dois pensamentos religiosos opostos em tudo: religião nova dos olimpianos, vitoriosa da antiga religião ctoniana que, por intermédio da contra-revolução dionisíaca, faz um

---

[23] H. Jeanmaire, *Sur la question du dithyrambe et de l'origine du théâtre*, Paris, Payot, 1970, pp. 220-320.

retorno irreprimível no Século VI a. C.. Freud, admirador da emergência da razão grega, teria sido levado, como deviam sê-lo os intelectuais gregos do Século VI a. C., a considerar o transe dionisíaco como um retorno ao obscurantismo místico que o culto dos olimpianos propunha ultrapassar? É possível que Freud, venerador da razão, tenha sido levado a considerar que a emergência do *logos* era o resultado de uma espécie de guerra religiosa entre o racional e o irracional místico, que teria terminado com a vitória do primeiro sobre o segundo. Talvez fosse a idéia da concepção, herdeira da ideologia das Luzes, de uma vitória da claridade apolínea sobre a obscuridade dionisíaca, que desviasse Freud desse "nascimento da tragédia", sobre o qual Nietzsche soube reconhecer que não era, precisamente, o efeito do recalcamento de um dos irmãos pelo outro, mas, bem ao contrário, o efeito de um encontro em que Apolo traduzia por formas visíveis a música de seu irmão Dionísio.

Por essa censura que desligava os fios subterrâneos tecidos entre o Édipo do mito e o Édipo trágico filiado a Dionísio, Freud abstinha-se de conceber o complexo de Édipo de maneira infinitamente mais ampla.

Nesse sentido, vamos tentar mostrar que a consideração da filiação do Édipo trágico a Dionísio – aliás, consangüíneos, pois a mãe de Dionísio (Semele) era irmã do bisavô de Édipo (Polidoro) – teria, provavelmente, levado Freud a ampliar sua concepção tocante à culpa, ao feminino e à sublimação.

A aparição da tragédia grega não é a criação *ex nihilo* dos gênios singulares chamados Ésquilo, Sófocles e Eurípedes: situamos essa criação como um efeito de estrutura que surge, de forma datável, quando na história grega a democracia nascente descobre que a razão, no momento mesmo em que se emancipa orgulhosamente, consegue estranhamente escapar ao caminho que lhe teria podido dar a expressão de um comitê de salvação pública. Por uma espécie de ato de humildade, ela chega a inclinar-se diante da existência de um ponto, no nível do qual os ritos da antiga religião a instruem de que uma parte do real é subtraída ao poder onipotente do *logos* e persiste, a partir de então, como inarticulável. A tragédia de Ésquilo, *As Eumênides*, nos mostra o quanto a Cidade o leva, no debate trágico, a uma profunda reverência final diante do adversário vencido. Quando, contra as Erínias, deusas da vingança imprescritível dos crimes de sangue, que reclamam a morte de Orestes, o tribunal da cidade decide que o culpado será anistiado, só o faz entronizando as Erínias como "Eumênides", às quais a partir de então será prestado um culto. E, como nota Maria Daraki[24]: "Nesse texto soberbo, a última palavra não fica com a 'razão': a tragédia termina com um longo grito ritual sobre o sagrado e o inarticulado".

Como se dá que Dionísio tenha podido ser este deus bilingüe detentor do poder de falar a língua do arcaico, de sorte que ela seja traduzível no *logos*, esta é a nossa questão.

Esta questão nos parece também ser a que Lacan poderia ter formulado, quando se interrogava sobre o processo que estava em jogo na articulação entre a singularidade da "alíngua" materna e a universalidade da linguagem.

É impossível, para os analistas, escapar à interrogação sobre o surgimento do discurso da razão, aparecido perto de três mil anos antes de nossa era, pelo menos porque este tempo de surgimento onde o *logos* é arrancado do irracional antecipa, de uma maneira patente, o aforismo pelo qual Freud

---

[24] M. Daraki, *Dyonisos*, Paris, Arthaud, 1985, p. 233.

define a ética analítica: "Lá onde era o irracional que advenha o eu [*je*] do *logos*".

A noção de um "milagre" grego, para dar conta da aparição do *logos*, nos instrui de saída quanto ao que permanece misterioso nessa mutação da história humana. Todavia, diferentes pesquisadores contemporâneos trazem alguma luz sobre essa questão.

Existe uma interpretação evolucionista segundo a qual a razão apareceu, com relação ao antigo pensamento mágico-religioso, numa dialética de continuidade, como o pensamento adulto seria um prolongamento natural e harmonioso do pensamento infantil.

A essa interpretação se opõe a concepção do fixismo, o qual considera que o pensamento antigo continha em germe o novo pensamento, que se teria de súbito atualizado como a planta atualiza o que está em dormência no grão.

Os trabalhos de Maria Daraki[25], prolongando os de H. Jeanmaire e L. Gernet, põem em evidência que de fato não houve uma tal passagem natural, como se um pensamento antigo desse à luz, espontaneamente, um pensamento novo, mas em contrapartida houve um passador – Dionísio – que tornou possível a articulação entre a religião ctoniana da terra e a religião urânica olimpiana.

Com efeito, é preciso compreender que não havia nenhuma razão lógica para se passar de uma a outra, pois a religião da terra, que geria todos os domínios da vida – vida, reprodução, sexualidade, morte –, funcionava numa perfeita autarquia bastando-se a si mesma. Este pensamento autárquico

[25] Ibid.

só podia ser rebelde à revolta olimpiana que, instituindo os deuses do Olimpo como protetores da cidade grega, instituía a preeminência de uma lei escrita que introduzia uma historicidade, destruindo a estrutura anistórica do sistema autárquico regido pelos ritos ctonianos.

Antes desses pesquisadores modernos, Nietzsche, em seu *Nascimento da tragédia*, manifestava sua intuição de um Dionísio a quem se tinha atribuído – no momento mesmo em que a razão grega, na sua forma de luminosidade apolínea, se havia arrancado aos ritos antigos – a responsabilidade de confrontar o *logos* vitorioso àquilo que excedia o poder próprio ao *logos*: a dimensão do musical, enquanto veiculado pelo coro ditirâmbico.

A razão pela qual a fala de Nietzsche sobre a música tanto solicita a atenção do analista é que, durante toda a sua vida, ele falou da dança de Dionísio sem que ele mesmo dançasse: o fato de que, no próprio momento em que, atingido pela loucura, ele cessou de falar para pôr-se a dançar, reencarnando-se em Dionísio, expõe-nos a questão: um tal dualismo – falar sem dançar ou dançar sem falar – não é uma maneira de apreender a essência da alienação humana?

Para Nietzsche, o milagre grego liga-se ao instante enigmático em que se produz o advento de um evento que poderia não se ter produzido: nada, com efeito, predispunha a que um dia se encontrassem os campos semânticos regidos pelos dois irmãos, Apolo e Dionísio; por que, com efeito, o mundo da aparência, o mundo das formas, regido pelo deus escultor, cessa um dia de seguir um caminho paralelo ao mundo desmesurado de Dionísio? Por que os caminhos desses dois deuses se cruzam um dia?

A originalidade de Nietzsche é que ele apresenta o fenômeno da aparência como encarnação visível da essência invisível do real transmitido pela música. Ele propõe mesmo compreender que haveria, na música, um apelo dirigido ao mundo da aparência: "O dionisismo comparado ao apolinismo aparece aqui como a força de arte eterna e original que *convoca à existência* o mundo das aparências[26]." E conclui seu ensaio com esta frase soberba, na qual situa a música ditirâmbica como um apelo que ficaria em instância enquanto não fosse assumido pelo encontro com uma alteridade: "Como deve ter sido grande o vosso Dionísio, para que o deus de Delos devesse usar um encanto semelhante a fim de curar vosso delírio ditirâmbico[27]". O encanto usado por Apolo deve ser assim compreendido como o encanto que permitiu a Dionísio encontrar, na forma proposta por Apolo, a possibilidade de tornar transmissível seu caráter desmesurado, doravante encarnável através do canto do coro e da palavra de um ator.

Mas tentemos prolongar a intuição de Nietzsche: se Apolo é, na tragédia, o deus que permite traduzir de maneira mesurada, em imagens e palavras, algo de mais originário, de mais desmesurado que ele, perguntemo-nos por que foi por intermédio da música que Dionísio pôde fazer-se o passador de um passado imemorial.

Trata-se, pois, de prolongar nosso questionamento sobre o real, de que a música é, para nós, o passador, deixando-nos ensinar por Dionísio.

A dificuldade desse ensinamento liga-se ao fato de que Dionísio, não falando, não se oferece aos cidadãos por contratos escritos, mas manifesta-se a eles por um certo número de

---

[26] F. Nietzsche, *La Naissance de la tragédie*, Paris, Gallimard, p. 162.

[27] Ibid., p. 168.

manifestações que podem, à primeira vista, parecer incoerentes umas com relação às outras, mas que procedem, de fato, de uma lógica profunda que se trata de fazer ressaltar.

Dionísio tem facetas demais para oferecer, como seu pai Zeus, uma face imutável. Ele é deus da música, do ditirambo, da tragédia, mas também o deus distribuidor exuberante do alimento vegetal, cuja doação contraria radicalmente a ética grega do trabalho. Enfim, ele é o deus condutor do cortejo infernal que, anualmente, invade uma Atenas siderada pela chegada dos mortos saídos das profundezas da terra para se misturarem, durante três dias, aos de cima.

Essa multiplicidade de ações de Dionísio não é estranha à multiplicidade pela qual ele vem ao mundo, pois que é desmembrado pelos Titãs antes de renascer.

Se Prometeu transmitiu aos homens o fogo que transformou seu alimento, Dionísio lhes transmitiu o fogo da música que vai alimentá-los de danças e de cantos até o dia em que, depois de uma evolução ritual que se estende por vários séculos, este canto e esta dança vão gerar o mais estranho dos filhos: a tragédia.

Para compreender a significação do ato de nascimento histórico da tragédia, precisamos remontar no tempo para apreender o sentido do acontecimento original pelo qual Dionísio encontra a história. Fundamentalmente, é um deus que dispõe menos do encontro do que o propõe; enquanto um olimpiano, quando se apresenta por alguma razão a um humano, instrui imediatamente este último de que está lidando com um deus, o mesmo não se dá com Dionísio, pois pode-se ou não reconhecer sua divindade.

Dionísio se opõe fundamentalmente aos doze olimpianos, pois pelo menos antes que seus ritos se imponham ele não é convocável institucionalmente[28]. Sua presença não é domesticável e, quando introduzida nos rituais institucionalizados, como Antestéries, essa presença se dá sempre como fundamentalmente espantosa, insólita, como se a instituição não tivesse o poder de enfraquecer, de neutralizar a desordem fundamental que ele introduz na ordem civil. Entretanto, o poder específico de Dionísio jamais brilha tão intensamente como quando ele não é anunciado, nem previsto, pois então ele se manifesta como o deus que vem, cuja chegada gloriosa é o modo de ação privilegiado. Quando reconhecido, seu reconhecimento se propaga como uma epidemia; quando não, sua vingança é terrível: Penteu ou as Miníades encarnam o destino trágico daqueles que se recusaram ao entusiasmo dionisíaco.

Quando Marcel Detienne observa, muito pertinentemente, que o regime de Dionísio se manifesta por intermédio do "súbito" e do "espontâneo", não podemos nos impedir de pensar na maneira como esse deus viajante, aproximando-se de uma cidade, vai literalmente se apossar das mulheres locais.

Essa possessão, que responde "espontaneamente" ao apelo "súbito" pelo qual Dionísio se faz ouvir, deve nos chamar a atenção, pois levanta ao menos três questões no tocante à origem da tragédia.

1. Na medida em que é resposta a um apelo musical procedente, em geral, da floresta próxima à cidade de onde Dionísio dá a ouvir a melodia de sua flauta, a questão é a seguinte: o que há na melodia dionisíaca – sustentada pelo modo frígio – que possa suscitar, contrariamente à música de Apolo, essa possessão feita de entusiasmo?

---

[28] M. Detienne, *Dionysos mis à mort*, Paris, Gallimard, 1977.

2. Como somente as mulheres respondem ao apelo musical do deus, fica-se tentado a perguntar, na medida em que os homens parecem surdos à sua flauta, por que motivo as mulheres, para responder ao apelo da flauta, fogem espontaneamente de seus lares para correr entusiasmadas em direção à floresta, onde irão se reunir a fim de constituir o coro originário das mênades?

Na medida em que observamos que todas essas mulheres desgrenhadas são também mães de família, noivas, filhas ou esposas, somos levados a constatar que o apelo a que respondem, de uma em uma, não se dirige ao papel social pelo qual a lei da cidade as identificou: como se, em suma, não fosse à identidade social que receberam da lei – filha, mãe ou esposa – que o apelo musical se dirigisse, mas à parcela de real que a lei escrita não identificava.

A partir daí, a clivagem entre o masculino, que não responde à música, e o feminino que responde a ela remete a uma clivagem entre aqueles cuja identidade se sustenta por ser definida por sua função social e fálica e aquelas portadoras desse "continente negro" que é "não todo" regido pela ordem social e fálica.

A questão levantada é a seguinte: se o apelo que as mulheres recebiam da flauta era tão irresistível, qual era então essa parte de si mesmas, não identificável pela lei escrita, que era irresistivelmente reconhecida pela música?

Talvez, se Freud fosse levado a reconhecer o laço desse enraizamento primordial sonoro com o feminino, não seria ele levado a falar do mesmo modo sobre o "continente negro"?

3. Na medida em que a reunião das mênades vai constituir o ancestral do coro da tragédia, a questão que nos será formulada pela aparição do trágico é aquela da separação originária entre música e fala, já que o ator trágico é aquele que

irá produzir o ato de fala, na medida em que cessará de cantar, separando-se do coro, que permanecerá como o lugar do canto.

Alguns historiadores da tragédia acreditaram poder reconhecer que os cinco atos da tragédia remetiam aos cinco tempos lógicos que vão escandir a possessão das mênades.

O primeiro ato remeteria ao tempo de cessação de toda atividade, pelo qual as mulheres da cidade interrompem bruscamente seus deveres sociais de mães ou de filhas, para fugir para a natureza, obedecendo ao apelo do deus.

O segundo ato seria o tempo em que, constituídas como mênades, elas se lançam em busca de uma presa, como os Titãs haviam feito com Dionísio.

O terceiro ato é o tempo do sacrifício por Diasparagmos, onde as mênades dilaceram a vítima ainda viva – um bode selvagem, na maioria das vezes. Por essa dilaceração, a dialética do um e do múltiplo é formulada: ao tempo de dilaceração em postas do animal, que simboliza a mesma ação sobre Dionísio criança pelos Titãs, irá suceder, com a ressurreição do deus, a vitória do um.

No quarto ato, o da homofagia, o sacrifício continua com o devoramento da carne viva da vítima.

Este ritual, com o qual podemos imaginar o quanto os intelectuais da época deviam ficar horrorizados, teria, segundo Jeanmaire, vestígios em nossos dias, em particular na confraria mística dos Aïssaou do Marrocos[29].

As bacantes, absorvendo uma a uma as postas dilaceradas da vítima, reconstituíam o deus despedaçado, transfigurando-o num corpo místico coletivo através do qual se revivia

29 H. Jeanmaire, *Dionysos*, Paris, Payot, 1970, p. 259.

Dionísio. Este corpo místico obtido nessa comunhão coletiva será o ancestral do futuro coro da tragédia.

O quinto ato é o estado de êxtase onde cada uma é possuída pelo deus, sob a condição de que nenhuma falte.

No dia em que um membro do grupo se separar desse corpo místico[30], este corpo coletivo se tornará sofredor, pois em falta de uma de suas partes: será o nascimento do coro da tragédia, sofrendo inexoravelmente pela separação desse membro perdido, o qual será o ator trágico, definitivamente culpado do sofrimento do coro.

Esse ato ritual será substituído pela institucionalização de uma forma lírica: o Ditirambo, nome místico de Dionísio (*di* – dois; *tir* – engendrado; *ambos* – o canto).

Originalmente o ditirambo é um ritual que parece ser uma recuperação do rito das bacantes pelos homens, de tal modo que as mulheres se vissem privadas deste ritual perigoso. Trata-se de uma dança misturada com canto, executada por cinqüenta coreutas que se agitam em tumulto em torno de um altar consagrado a Dionísio, sobre o qual é praticado um sacrifício cruento depois do ditirambo.

Há uma evolução progressiva desse ditirambo ritual, que vai cessar de ser um mistério que se desenrola entre iniciados para tornar-se um espetáculo, de tal modo que será necessária doravante, para que os espectadores possam integrar o que se passa, a presença de um mestre do coro, o corifeu, que irá dialogar com os coreutas.

Originalmente, o corifeu improvisa uma série de versos depois dos quais o coro entoa um refrão, mas depois essa improvisação vai se tornando cada vez menos espontânea e o

---

[30] J. Paris, conferência dada na France Culture, abril de 1994.

corifeu vai cantar textos poéticos escritos por poetas como Arion, Arquíloco e sobretudo Píndaro.

A passagem do ditirambo à tragédia se dá quando o corifeu é substituído pelo *hipócrita*, aquele que porta a máscara, o ancestral do ator. Essa passagem se faz com Téspis, que inventa o protagonista. Em seguida, Ésquilo irá introduzir um segundo ator, o deuteragonista, e Sófocles introduzirá um terceiro ator.

Enquanto, no quadro do ditirambo literário, o corifeu e o coro, numa relação que Jeanmaire qualifica de apoliniana, são apenas um, com a aparição do *hipócrita* surge uma ruptura de ordem dionisíaca, pela qual as relações entre o coro e o ator são completamente transformadas: o *hipócrita*, portador de um nome importante (rei ou herói mítico), se separa do coro anônimo e deixa de contar a vida do herói para desempenhá-la, criando uma ilusão, um entusiasmo apaixonado que induz a desconfiança de um certo número de governantes, como Sólon, que se perguntam o que aconteceria se a catarse suscitada nos espectadores não se interrompesse com o fim do espetáculo.

Se o desejo que está na origem do movimento gerador do *hipócrita* remete originariamente ao entusiasmo das mênades, é legítimo que nos perguntemos qual a estrutura desse desejo.

As bacantes de Eurípedes nos ensinam, nesse sentido, que quando Penteu, rei de Tebas, se confronta com a explosão entusiástica que se apossou das mulheres da cidade, ele não encontra para isso outra interpretação que não a sexual: os excessos das mênades só podiam ser, para ele, expressões de um desejo sexual não apaziguado.

Quando, quinze séculos mais tarde, os Pais da Igreja condenam o modo frígio – pois ele faz soar uma quinta diminuta que chamam de *triton diabolicum* –, vão fazê-lo porque, como Penteu, consideram que este *triton diabolicum* tem o poder de deixar as mulheres loucas de desejo. Essa recusa do modo dionisíaco significaria que eles revelam, como pretendem, que o entusiasmo feminino não passa, na verdade, de fachada de um gozo sexual inconfessado, ou significaria, ao contrário, que revelam que um tal entusiasmo remeteria de fato a um real não-sexual, de ordem mística, inconcebível para eles? Se, com efeito, um tal real existe, se a identificação da mulher não é mais definida exclusivamente por sua relação com a privação do falo, é a própria identidade do homem que se vê ameaçada: enquanto, até ali, este se acreditava identificado pelo fato de ser portador daquilo que faltava a ela, eis que descobre, angustiado, que a ela poderia faltar uma coisa inteiramente outra: falta de uma falta não-sexual?

De certo modo, pode-se compreender a angústia de Penteu: como compreender que um semitom cromático possa transformar uma honesta mãe de família em bacante desgrenhada, que não seria guiada por um desejo de adultério, mas pelo desejo de um *Alter* para além do falo? Pois a estranheza fundamental dessa alteridade visada pela mênade liga-se ao fato de que o alhures por ela invocado é este lugar de onde surge, fundamentalmente, Dionísio: o lugar subterrâneo dos infernos.

Para compreender a significação do cortejo das bacantes, devemos compreendê-lo em suas duas faces: se, por seu lado visível, remete às colinas de Hélicon, onde se reuniam as atenienses possuídas pelo deus, remete mais profundamente ao fato de que o cortejo que acompanha Dionísio é, de fato, um cortejo infernal[31] que, surgindo dos infernos, acompanha-

[31] Heráclito, fragmento 18: "aquele que rege os Infernos e Dionísio são um mesmo Deus".

va o carro naval onde se assentava o deus quando, nos três dias da festa das Antestéries[32], saía do mundo subterrâneo para invadir ritualmente Atenas, depois de emergir das ondas. Nessa festa extraordinária, quando tudo o que era normalmente ditado pelas leis seladas com o Olimpo ficava abolido, Dionísio invadia Atenas que, para ele, se fazia mulher, pois ao fim desses três dias aquela que era, simbolicamente, a rainha da cidade acoplava-se sexualmente com o deus.

Existirá um símbolo mais explícito da nodulação entre a pulsão de morte, simbolizada por Dionísio, o infernal, e a pulsão de vida, simbolizada por essa cópula?

Essa nodulação das duas pulsões é a nodulação das duas faces do falo, que o ritual dissocia: se o falo, na sua função sexual, entra em cena no último dia da festa, na cópula entre a rainha e Dionísio, é um falo inteiramente outro – um falo ctoniano não velado – que é brandido no cortejo infernal quando este emerge. Este falo ctoniano, não-sexual, é então o símbolo dessa exuberância vital pela qual Dionísio concede o surgimento de tudo o que é dom excessivo: dom da dança, mas também dom gracioso do alimento e do vinho novo encontrado nos tonéis enterrados que então se desenterram, dando acesso a um líquido sombrio que, vindo das profundezas, tem um sabor infernal.

É por essa face infernal que Dionísio ultrapassa os limites. Ele é, com efeito, o único deus grego que conhece a morte e a ressurreição. Este saber que ele não partilha com os olimpianos faz dele um deus à parte que, circulando entre as profundezas e as alturas, atesta seu poder de franqueador dos

[32] Ver M. Daraki, *Dionysos*, op. cit..

limites. A questão dessa contigüidade entre a vida e a morte é, para nós, decisiva, pois nos dá uma chave fundamental para a compreensão da essência da música dionisíaca. Se, como atestam numerosos comentadores, entre os quais Maria Daraki e Louis Gernet, o entusiasmo das mênades não tem significação sexual, é porque a falta que anima o dançarino não remete à ausência instaurada pela castração, e sim à essa ausência inteiramente outra que é o *nihilo*, de onde *ex nihilo* surgiu a vida, antes que fosse sexualizada pelo recalque originário, do qual o falo tirou sua significação.

Esse primeiro impulso onde surpreendemos a emergência da pulsão invocante parece-nos, assim, o efeito da simbolização primordial pelo som dos bastidores originários de onde surgiu o vivente.

Então, quando esse surgimento se der pela palavra, quando o sujeito tiver passado pela castração, ele se fará, a nosso ver, pela dança, no tempo originário em que a pulsão exprime uma relação com uma ausência, que não é a ausência do falo, na medida em que se trata de uma ausência que precede a descoberta do trauma sexual.

Nossa pesquisa sobre Dionísio, que nos ensina que são as mulheres que ouvem o apelo entusiástico do deus, faz-nos encontrar aqui Lacan, quando este ensina que uma mulher, ao contrário de um homem, pode ter uma relação privilegiada com esta falta, diferente da falta fálica, que é a falta no Outro (S ($\not{A}$)).

O que chamamos a "vida" é esse empuxo progressivamente estruturado por um significante originário – o significante do Nome do Pai – que agiria segundo dois tempos lógicos diferentes, que vamos explicitar mais longamente em nosso próximo capítulo, mas que referimos desde já como os *dois tempos* do Nome do Pai que são Dionísio e Apolo.

Segundo Lacan, a leitura da Bíblia lhe teria permitido desvelar diferentes Nomes do Pai que ele teria preferido, por certas razões, manter ocultos[33].

A tradição bíblica e profética isola, nessa perspectiva, duas funções diferenciáveis do Nome do Pai. A *ruah* de Deus e o *Davar* de Deus.

A *ruah* de Deus – o Espírito – é essa força de que é tomado, silenciosamente, o profeta, na medida em que lhe anuncia, com violência, que ele tem uma missão. Mas esse anúncio é silencioso durante o tempo em que o profeta não sair da possessão pelo "Espírito", até tomar em algum momento a palavra, pela qual ele não mais será aquele que mostra estar possuído pelo espírito, e sim aquele que o demonstra a quem puder ouvir suas palavras. Nessa distância entre o espírito das palavras e as palavras espirituosas, como apreender isso que não tem outro nome que não "Espírito"? A resposta de Lacan a essa pergunta propõe compreender que o Espírito é a própria encarnação do que Freud chamou de pulsão de morte. Essa resposta nos satisfaz, na medida em que efetivamente o Espírito pode ser compreendido como esse empuxo a anular todo o já sabido, já adquirido, para dar oportunidade ao surgimento vivo do inédito.

O apelo musical recebido pelas mulheres da cidade, com o poder de aniquilar todas as definições de identidade que estas recebiam da lei escrita, leva-nos a identificar o poder desse apelo ao da pulsão de morte e do Espírito. Se vamos nos perguntar, em nosso segundo capítulo, por que Freud foi levado a dissociar dois Moisés – o Moisés inspirado pelo espírito

---

[33] E. Porge, *Les Noms du père chez Jacques Lacan*, Ramonville, Eres, 1997, p. 99.

e o Moisés racionalista –, perguntamo-nos por ora por que Freud, tão impressionado pelo *Édipo rei*, dissociou o Édipo mítico do ator trágico que, desempenhando o papel de Édipo, tinha que assumir através do espírito da música dionisíaca a conjunção entre a pulsão de vida e a pulsão de morte?

Talvez fosse necessário, para que Freud reconhecesse no trágico a solução dialética da pulsão de vida e da pulsão de morte, que ele assumisse mais plenamente do que o fez a herança romântica que lhe transmitiu, por intermédio de Goethe e de Schiller, a noção de pulsão.

Nesse sentido, é surpreendente – como observa Madeleine Vermorel[34] – que Freud, em 1910, em "A perturbação psicogênica da visão", invoque a autoridade de Schiller quando diferencia as pulsões sexuais e as pulsões do eu que têm por fim a autoconservação do indivíduo: "Todas as pulsões orgânicas que atuam em nossa alma podem ser classificadas, segundo as palavras do poeta, em 'fome e amor'".

Essa homenagem a Schiller é renovada em "O mal-estar na civilização", em 1929: "No começo, quando eu estava imerso na mais completa perplexidade, a proposição do poeta-filósofo Schiller, enunciando que a fome e o amor regulam o funcionamento das engrenagens do mundo, forneceu-me um primeiro ponto de apoio".

Esse par "fome-amor", que dá a Freud o primeiro ponto de apoio buscado para diferenciar pulsão sexual e pulsão do eu, representa de fato uma parte muito limitada da reflexão de Schiller sobre a pulsão. Com efeito, em Schiller, nas suas *Cartas sobre a educação estética do homem*[35], há um desenvol-

---

[34] M. Vermorel, *Freud, judéité, lumière, romantisme*, Delachaux-Niestlé, coleção "Champ psychanalytique", Genebra, 1995, p. 138.

[35] Citado por M. Vermorel, em *Freud, judéité, lumière, romantisme*, op. cit., p. 136.

vimento muito mais elaborado sobre a pulsão, que teria permitido pensar o par pulsional atuante na tragédia; Schiller distingue duas faces na pulsão: inspirando-se talvez em Aristóteles, ele opõe uma pulsão-matéria a uma pulsão-forma: a pulsão-matéria, dita pulsão sensível, é a expressão do determinismo biológico, ao passo que a pulsão-forma concerne à natureza espiritual da pessoa – *die Person* – que engloba, como precisa M. Vermorel, a relação do homem com a razão prática e com a razão pura.

A grande originalidade de Schiller é levantar a hipótese de uma terceira pulsão: pulsão intermediária, cuja função seria articular a "forma e a matéria" de tal modo que a forma esteja presente na matéria e que a matéria seja dominada pela forma sem perder suas características específicas. Schiller nomeia essa pulsão intermediária pulsão-jogo[36]. Ele requer a atividade dessa pulsão na expressão de uma força inconsciente e livre, animada por um movimento de transformação que vai em busca do achado da forma e do *logos*. Na medida em que o achado da forma é a expressão de uma liberdade estética fundamental inconsciente, Schiller sustenta com Goethe, em 1801, que: "A obra de arte não passa de um produto da reflexão. É o inconsciente unido à reflexão que faz o artista poético[37]". Se essa pulsão intermediária em busca da pulsão-forma merece nos reter a atenção é que ela nos parece antecipar, perfeitamente, a interpretação nietzscheana da tragédia, na medida em que se torna a atribuir a Dionísio o desmedido de um empuxo originário que só poderia levar a dançar se não fosse

[36] Jean Florence, *Art et Thérapie*, Saint-Louis de Bruxelas, publicação das faculdades universitárias, 1997. Permite questionar a relação dessa pulsão-jogo com a pulsão de *Gestaltung* concebida por Prinzhorn (cap. 2).

[37] Citado por M. Vermorel, em *Freud, judéité, lumière, romantisme*, op. cit., p. 138.

dominado pela medida apolínea, que tem o poder de traduzir o movimento desse excesso vital num movimento medido pela beleza da forma.

A partir daí, o par Dionísio-Apolo nos parece poder ser relacionado com essas duas funções do Nome do Pai que são "o Espírito" e o "verbo".

Dar conta, teoricamente, do processo de passagem de um nome do pai a outro implica introduzir em nossa reflexão a dimensão de um recalque originário, que interpretamos assim: a passagem ao *logos* implica o recalque originário do espírito da música. Por recalque originário, entendemos um processo de *Aufhebung* que não é o esquecimento do recalque secundário – o qual consiste em manter um recalcado no esquecimento – mas, ao contrário, um esquecimento que qualificamos de inesquecível, na medida em que o que terá desaparecido não cessará, como coisa desaparecida, de ser comemorado. O ator surgindo em cena não transmite sem cessar aos espectadores a ausência desse lugar vazio que são os bastidores de onde ele surgiu? Se ele tem "presença", não será porque essa coisa tornada ausente que são os bastidores foi tornada, precisamente, inesquecível?

O que é essa "presença" de que é depositário um verdadeiro ator? Quer ele o saiba ou não, é a presença adquirida por aquele que pode dar o passo decisivo, assegurando a passagem de Dionísio a Apolo, do desmedido do real, transmitido pela música, à medida da existência apolínea. Essa passagem de uma *essência dançante* a uma *existência falante* vai nos chamar a atenção: por um lado, porque seremos levados a reconhecer que essa passagem é uma metáfora do recalque originário, por outro lado porque essa passagem é o passo pelo qual o ator trágico realiza duas coisas: primeiramente ele se separa do coro cantante, em segundo lugar se aproxima do *logos* e da cidade.

A separação entre o ator e o coro é um ato complexo, no nível do qual se repartem, de maneira entrecruzada, o canto da fala e o da música. A distinção se refere, em primeiro lugar, à nomeação: o ator é o portador do nome – que é sempre um grande nome, herói lendário ou rei –, ao passo que o coro é anônimo; seu anonimato requer o patronímico do ator pelo qual ele é indiretamente nomeado. Por outro lado, devido à separação do ator, o coro ficou faltoso, mas é inocente dessa falta, enquanto o ator é culpado. Em nome dessa inocência, o coro tende a defender a letra da lei da cidade, sem se aventurar a questionar essa lei. Esse não-questionamento lhe confere uma posição superegóica que Lacan descreve como a do "puxa-saco".

Essa linha divisória entre o coro e o ator só assume todo o seu sentido quando se a refere à maneira como vão se distribuir, daí por diante, a palavra e a música.

À primeira vista, essa linha de distribuição é simples: o ator, separando-se do coro, cessa de cantar para falar, diante do coro, ao qual é reservado o canto. Mas, a um segundo exame, essa partilha é mais complexa e deixa em evidência que a música insiste do lado do ator e parece, ao contrário, desistir, de certa maneira, pelo lado do coro. Sua insistência pelo lado do ator é tornada patente pelo fato de que certas partes[38] serão cantadas por este. A desistência do lado do coro é manifesta pelo fato de que o corifeu, mestre do coro, dialoga com o ator, mas principalmente pelo fato de que o canto do coro, como o que sustenta a lei, deixa de ser o vetor da música

[38] O melodrama.

dionisíaca, para tornar-se vetor de uma música em conformidade com o *ethos* da cidade. Ora, uma tal música libertou-se necessariamente de sua fonte dionisíaca originária – modo frígio –, pois não conviria à moral. A razão pela qual o canto do coro deve mudar de registro modal quando passa a sustentar a lei da cidade é, sem ser idêntica, comparável à razão pela qual uma banda militar não poderia fazer avançar a tropa marchando ao som de um *blues* ou de uma bossa-nova.

Essa troca entre a música e a palavra é a encarnação pela qual o ator, delegado de Dionísio, introduz nos homens, entre a língua arcaica da antiga religião apresentada pelo coro cantante e a aparição do *logos* contemporâneo da vitória dos Olimpianos, uma interpenetração da qual Dionísio, deus bilingüe, é o agente dentre os deuses.

Pois Dionísio não é detido por nenhum dos limites, nenhuma das distinções que, dependentes do poder dos deuses do Olimpo, asseguram a estabilidade do real. Não que Dionísio transgrida os limites, mas em contato com ele a própria noção de limite perde seu sentido: tudo se passa como se as distinções operadas pelo poder de nomeação da linguagem perdessem sua consistência quando ele se aproxima; a vida e a morte, o masculino e o feminino, o aqui e o alhures, o ser e a aparência perdem suas características de oposição, como se, do lugar terceiro de onde age Dionísio, deus da música, um além do sentido afirmasse sua ascendência sobre o sentido social e político.

A partir daí, somos capazes de entrar na inteligibilidade da falta [*faute*] trágica: enquanto essa ultrapassagem dos limites operada por Dionísio não tem nenhuma significação trágica para os deuses, o atravessamento dos limites operado por esse delegado, na terra, que é o ator tem por conseqüência fundamental a aparição do espírito trágico. É no passo que, por um lado, arranca o ator do coro e, por outro, faz com que ele avance em direção à cidade que se realiza a subversão do limite que até então os separava. O coro e a cidade, que estavam em relação de descontinuidade, são postos em continuidade, pois o que falta a um – a palavra – e o que falta ao outro – a música – são postos em relação pelo passo separador do ator que vamos definir como passagem da falta trágica.

Sem ser um representante tão poderoso do pensamento antigo quanto Dionísio, o ator trágico partilha com ele certos poderes específicos: como Dionísio, ele une o paradoxo de, por um lado, atestar a Lei da cidade submetendo-se, ao fim da tragédia, à sanção do tribunal e, por outro lado, contestar essa lei em nome da invocação explícita – como fez Antígona – ou implícita de uma lei não-escrita que é a lei da música. Ligamos essa possibilidade de invocar um para-além da lei à pulsão invocante, pois a palavra do ator permanece habitada pelo entusiasmo originário que insufla o sopro desse nome do pai que é Dionísio. Com efeito, enquanto o canto do coro se pôs em harmonia apolínea com a lei que rege o *logos*, a palavra do ator, se não canta mais explicitamente, é no entanto sustentada por uma musicalidade dionisíaca da qual, como o coro, ela não fez o luto: devido ao poder ilimitado da música, ela ultrapassa todas as leis escritas e torna transmissível a parte de real que a lei não pode assumir.

Esse real que remete à ascendência da pulsão de morte é assumido pelo ator, não de maneira divina, como Dionísio que morre três vezes, mas de maneira humana, acedendo à imortalidade pelo fato de realizar seu ser para a morte: Édipo, Antígona, Clitemnestra teriam se tornado imortais para a comunidade humana se não houvessem morrido de forma trágica?

O ator grego que representava *Édipo rei* diante da cidade ateniense era o vetor de dois tipos de culpa de estrutura diferente: a primeira, que se refere à culpa do ato de delinqüência do herói mítico, é, pode-se dizer, a parte visível de um *iceberg* cuja parte submersa remete a uma culpa inteiramente outra, de ordem estrutural, tornada inteligível pela emergência do discurso trágico.

Parece-nos, sob este aspecto, que se o ator que se chama Édipo, Antígona ou Creonte tem um fim trágico, é que para além do delito singular de que é culpado ele paga o preço de uma operação pela qual Dionísio, deus apolítico por excelência, entrando em relação com os deuses da política, cria uma articulação inédita entre o sagrado e o mundo laico da lei. Articulação ao fim da qual – com o coro dessacralizado e a cidade extraída ao poder absoluto de uma lei escrita que é contestada pela música – o herói está em posição de endossar, por seu sacrifício expiatório, a vingança de uma e de outra.

Na medida em que suspende o recalque em que se havia precipitado a religião antiga depois da vitória dos Olimpianos, o ator é passador do antigo no novo: sob este título, ele poderia ter sido objeto da reflexão de Freud que, em *Moisés e o monoteísmo,* se pergunta como se deve compreender o enigmático tempo de latência necessário para que um recalcado arcaico possa voltar à superfície para novamente se impor[39].

A questão agora levantada é a seguinte: o que é uma voz que não perdeu sua vocação para a invocação? Uma voz que, como a do ator trágico, pode passar sem descontinuidade do ato de fala ao ato de canto, devido a uma continuidade íntima?

Esse enigma aparece com toda a sua força quando, no último ato do *Édipo rei* ou da *Antígona*, acolhemos com uma

---

[39] S. Freud, *Moïse et le monothéisme,* Paris, Gallimard, 1948.

espécie de evidência estranha o fato de que, no instante em que se revela tudo estar perdido para o herói, quando não tem mais qualquer esperança, *ele começa a cantar* invocando. Nesse momento em que o herói não mais pode invocar quem quer que seja, a quem ele invoca pela emissão de vogais "o" ou "a", que abrem e sustentam a invocação cantada de Édipo[40]?

> *Ó minhas trevas, ó minha vida, onde soçobraste?*
> *Ah!... ah!... miséria*
>
> E a de Creonte:
> *Ó meu filho, em tua nova flor ceifada...*
> Ah!... ah!... ah!... estou como que ébrio de horror
> ah! Em pleno coração fui golpeado...

Se essas palavras, sustentadas pela flauta, não fossem um recitativo cantado, mas um texto falado, como reagiríamos? Essa pergunta logo acarreta uma segunda: como se dá que um sujeito, entregando-se ao canto sem se dirigir diretamente a seus semelhantes, não seja julgado louco por estes, quando, se falasse sozinho sem se dirigir a estes, seria considerado como tal?

Sem dúvida é porque ao homem que canta é creditada instantaneamente a possibilidade de invocar uma alteridade que não estaria foracluída. Enquanto, ao falarmos, aproxima-se o mal-entendido com o Outro, ao cantarmos instaura-se com o Outro, instantaneamente evocado, uma relação transferencial onde o Outro é situado como bom ouvinte.

Que o ato de cantar tenda, por uma pura razão de estrutura, a ser bem entendido pelo Outro, enquanto o ato de falar tenda a produzir um mal-entendido, fonte de perdição, isso

---

[40] Sófocles, *Théâtre complet,* Paris, Garnier-Flammarion, 1964.

nos leva ao enigmático canto do Édipo que surge no momento de resolução da tragédia, quando nada mais resta a dizer, pois tudo foi dito. O fato de que seja nesse tempo, onde nada mais há a se esperar de nenhuma fala, que o recurso ao canto surja nos questiona: quando nada mais há a se esperar do sentido, o som não se revela como o último recurso pelo qual se pode invocar "o inesperado[41]"?

O que vem a ser um tal inesperado, se não a descoberta dessa última alteridade invocável que é o espírito da música que, na sua perseverança, tem o poder de ensinar ao homem que quando o seu eu de existência, determinado por sua história singular, está a ponto de desaparecer, pode aparecer esse eu de antes da existência histórica, que é o eu invocador do tempo absoluto?

Na verdade, essa subjetividade absoluta se refere, talvez, menos a um eu que a um tu receptor passivo, ao mesmo tempo que passível de advir como uma pura escuta, não dissociando o som do sentido.

Schopenhauer, sem dúvida, foi o primeiro a ter sistematizado a intuição segundo a qual o som e o sentido poderiam não estar dissociados, mas intrinsecamente associados. Intuição indiretamente transmitida a Freud, pois ela alimentou toda a concepção nietzscheana de um "isso" que pensa em nós a partir do poder de comoção do som.

É incontestável que a idéia que levou Nietzsche a interpretar o nascimento da tragédia como efeito do pensamento apolíneo desenvolvendo-se a partir do poder de comoção do som dionisíaco é um prolongamento da intuição fundamental

---

[41] Esse "inesperado" é evocado por Anne Dufourmantelle, "L'inespéré", in *Le Religieux*, Paris, revista *Che Vuoi,* 1997.

de Schopenhauer, para quem a música adquire a dignidade de um estatuto metafísico. Para ele, com efeito, fazer ou escutar música é filosofar sem saber: "Se enunciássemos e desenvolvêssemos em conceito o que a música exprime, teríamos por esse fato mesmo a explicação arrazoada e a exposição fiel do mundo expressa em conceito, ou pelo menos algo de equivalente. Esta seria a verdadeira filosofia[42]".

O fato de que um "isso" possa pensar o sentido a partir da escuta desse puro não-senso que é o som musical nos reconduz a essa questão: como o "bem entendido" de um som que ressoa pode se transmutar no "bem entendido" de um sentido que raciocina[43]?

Mais uma vez vai-se opor ao dualismo do som e do sentido, que remete à atividade dualista de nossos dois ouvidos, a noção de um terceiro ouvido cuja função subversiva de ultrapassagem dos limites seria, em suma, dionisíaca e trágica: o ator trágico é aquele que introduz, entre o que dá a ouvir, de um lado, o coro que comemora com seu canto os ritos antigos e de outro lado o *logos* de Atena, uma terceira forma de escuta.

Quando Nietzsche escreve a Peter Gast[44], um ano antes de soçobrar na loucura, que "sem música a vida seria um erro", é porque para ele a escuta da música é esta "perturbadora descoberta de si mesmo[45]", que o homem trágico sempre pode refazer. E se no momento em que se revela a eles que tudo está perdido Édipo ou Creonte entram no encantamento

---

[42] Schopenhauer, *Le monde comme volonté et comme représentation*, citado por G. Liebert, in *Nietzsche et la musique*, Paris, PUF, 1992, p. 12.

[43] Ibid., p. 10.

[44] Ibid.

[45] Ibid., p. 42.

musical é porque, voltando a ligar-se então à música, reatam com o poder que ela tem de fazê-los descobrir a existência desse "si mesmo".

Este "si mesmo", com efeito, não é esse objeto que o melancólico persegue com seu ódio, pois uma foraclusão originária tornou impossível para ele o nodulamento originário do som e do sentido. Enquanto condenando à morte, por seu suicídio, o objeto que o Outro deixou decair, o melancólico quer destruir o próprio ato pelo qual o Outro se manifestou como realmente ausente, o homem trágico, com seu canto, testemunha que sua exclusão não é de ordem melancólica: o fato de que ele não se suicide remete, de modo quase simétrico, ao fato de que o melancólico não pode mais cantar.

Poder cantar implica uma relação com a voz que é de outra ordem que não a da voz que fala: falar implica uma relação com o objeto voz que, constituído como lugar-tenente do Outro, permite substituir a demanda do Outro por um desejo causado pelo objeto da falta. Vocalizando seu *fort-da*, o neto de Freud proclama vitoriosamente que ele não está mais na demanda do Outro, já que se tornou desejante de um objeto causal cuja falta é simbolizada pelo jogo dos dois fonemas.

Esse esquecimento do Outro assegurado pela voz que fala é precisamente, a nosso ver, o que não é induzido pela voz que canta e aí está, sem dúvida, a razão pela qual o homem que canta solitariamente não passará, como aquele que fala sozinho, por um louco. Cantar, nesse sentido, é o único ato humano sobre o qual se pode dizer que encarna uma invocação à qual o Outro responde, não no só-depois, como faz o fogo do céu, quando vem autentificar o apelo do profeta, mas de maneira instantânea: quando canta a voz, é imediatamente a voz do Outro que, através da voz do sujeito, se faz ouvir.

Nada evoca mais essa alteridade da voz que a voz da diva que consegue, quando se eleva até os sons agudos, transmitir-nos uma sideração, assinalando para nós que o que nos aconteceu é um real inaudito, ultrapassando o que as palavras podem fazer ouvir. Como observou, muito justamente, Jean-Michel Poizat[46], o que especifica a acuidade da voz da diva é que o acesso às notas mais altas implica uma cessação da articulação das escansões às quais as vozes baixas, ao contrário, estão particularmente assujeitadas. A acuidade obtida pela desaparição das descontinuidades consonânticas e a exaltação da continuidade das vogais introduz uma subversão do sentido da linguagem, pois esta é estruturada pelas escansões. Evidentemente, não é por acaso se é a voz da diva, e não a do baixo, que é chamada "divina", da mesma maneira que ninguém iria supor aos serafins que, no céu, cantam a glória de Deus uma voz de barítono.

À voz aguda cabe a invocação do divino, pois, aniquilando as escansões que dão sentido à fala, ela exerce uma atração rememorando para nós que, na origem, a voz é pura sonoridade para além de todo sentido. Nossa gratidão pela diva é gratidão por um ser que ousa deixar-se possuir por essa voz vinda de alhures, que nos torna inesquecível isso que tivemos que esquecer, um dia, para nos tornarmos falantes.

Retomamos assim a hipótese de que a essência da música é induzir entre o Outro e o sujeito uma sincronicidade estrutural que se encarna tanto no ato de dançar quanto no ato do canto: da mesma maneira que não há nenhuma latência entre o instante em que soa o som e o instante em que o corpo

---

46 J.-M. Poizat, *L'Opéra ou le cri de l'ange,* Paris, A.-M. Métailié, 1986.

dançante habitado por esse som o interpreta, não há nenhuma latência entre o instante em que o sujeito invoca o Outro cantando e o instante em que é ele que advém como invocado pelo Outro, logo que canta.

Por essa nodulação entre o sujeito invocante e o sujeito invocado, somos reconduzidos a esse tempo primeiro que precede o esquecimento do Outro (recalque originário), no qual a coisa humana advém primordialmente como "tu" invocado: "Onde estás?".

O som originário da voz do Outro fica, poderíamos dizer, em instância enquanto não encontra o bom entendedor que possa responder a este "onde estás?", dirigindo-lhe uma espécie de saudação de reconhecimento, perfeitamente legível no riso do recém-nascido a quem se ousa falar sem tatibitate. Esse riso é o primeiro testemunho da existência desse terceiro ouvido pelo qual se nodulam o sentido e o real humano, que se submetem um ao outro.

O fato de este "tu", em quem o Outro há de encontrar (se não foi foracluído) um bom entendedor, poder se transmutar num "eu" [*je*] que, por sua vez, deve encontrar um bom entendedor para existir, levanta a questão da passagem do "tu" ao "eu".

Nessa passagem de um "tu" receptor do som originário a um "eu" emissor da primeira fala, supomos a existência de um tempo de tradução que nos convida a compreender a fala como a tradutora de sua irmã, a música, ao menos que digamos, como Nietzsche, que Apolo é o tradutor de seu irmão Dionísio.

Que a tradução seja traição, este fato talvez encontre aí sua verdadeira origem: se o "eu" só advém como falante ao esquecer a música que, dirigindo-se ao "tu", constituiu-o como receptor vivo, que relação este "eu" falante irá manter com o musical? Falará ele como esse "homem teórico" fustigado por Nietzsche, pois que nada mais querendo além do conhecimento ele rejeita todo reconhecimento de dívida para com a música? Ou falará como o ator trágico para quem a origem musical permanece inesquecível?

A dificuldade é de ordem lógica: se a passagem à fala requer necessariamente o esquecimento da música, como dar conta da escolha inconsciente pela qual o sujeito pode ou não se recobrar desse esquecimento fundamental? Por que, no caso, esse esquecimento será estruturado como um esquecimento de esquecimento no discurso do mestre, ou como um esquecimento inesquecível no discurso trágico? Outra maneira de formular a questão: como se dá que o ator trágico, que toma a palavra porque consentiu em se separar do coro cantante, não esquece, no entanto, o cantar da fala?

Vamos entrar nessa dialética do esquecimento e do não-esquecimento levantando a hipótese de que o ato de separação do ator e do coro seja, de fato, uma metáfora do ato de separação que se efetua no processo do recalque originário.

Os quatro tempos da pulsão invocante

O primeiro tempo corresponde ao impulso inicial do enxerto originário pelo qual o som, o sentido e o corpo formam um contínuo, posto em movimento por essa causalidade externa que é o som musical que encontrou – quando não houve foraclusão – um destinatário especificado por ser um bom entendedor do som. A exuberância desse movimento dionisíaco que excede, neste estágio, todos os limites apolíneos é orientada por um ponto virtual que dá uma orientação à pulsão invocante. A dança deve ser compreendida como afirmação do vivo, celebrando esse *ex nihilo* que são os bastidores infernais, mundo inferior de onde brota Dionísio para surpreender os vivos. Esses bastidores externos ainda não são os bastidores internos a serem escavados ulteriormente pela castração originária.

O vivente, nesse estágio, ainda não está realizado como "eu" [*je*], pois a causalidade externa que o anima ainda não se tornou essa causalidade necessária à produção de um sujeito do inconsciente.

O segundo tempo é um tempo de interrupção da pulsão, correspondente à descoberta pelo sujeito do furo real da privação materna. O sujeito é traumatizado, pois ainda não dispõe do recurso da fala, única a poder simbolizar o trauma [*le trou-matisme*]*.

O terceiro tempo: a pulsão invocante, cujo empuxo à simbolização foi interrompido pelo trauma [*trou-matisme*] volta a ser posta em jogo, devido à possibilidade, própria ao Outro, de insistir em sua manifestação simbólica. Para arrancar o sujeito ao trauma [*trou-matisme*], o sujeito deve receber um significante especial detentor de um poder que a música não tem: fundada no ritmo, a música, com efeito, faz pulsar a ausência-presença numa sucessão diacrônica à qual falta o poder de simbolizar a ausência encarnada pela privação materna, pois com o trauma [*trou-matisme*] não se trata mais de uma ausência sucedendo a uma presença, e sim de uma ausência *na presença de um corpo*.

A possibilidade de sair do *trou-matisme* requer, pois, a introdução de outra coisa além do som musical: um signifi-

* Jogo de palavras intraduzível formado a partir de *trou*, "furo", e *traumatisme*. (NT)

cante especial – que chamamos o significante siderante[47] – que, assumindo a pulsão de morte e a pulsão de vida, permite ao *infans* substituir o furo externo do *trou-matisme* (furo real no simbólico) por um furo interno (furo simbólico no real), que introduz a castração originária.

Pode-se dizer desse significante que ele é o passador do espírito da linguagem e que, sob esse título, convoca a coisa humana que era o contínuo "corpo-espírito-som", animado pelo som musical, a se transmutar em coisa falante, encontrando em si mesma sua causalidade. Essa causalidade interna produzida pelo que a teoria freudiana chama de recalque originário é realizada ao se assumir esse significante siderante quando este encontra um bom entendedor para sua mensagem: "*fiat furo*".

Este furo, instituído pelo recalque originário, não será mais daí por diante o furo no Outro sobre o qual dançava o que chamamos de contínuo dionisíaco, mas furo no sujeito a partir do qual o novo sujeito vai cessar de dançar sobre a falta do Outro (A̸), para doravante falar de sua própria falta ($).

A passagem do som à fala será assim adquirida quando o furo do *ex nihilo*, sobre o qual dança Dionísio, for substituído pelo furo internalizado da ausência fálica que advirá com a nomeação. Enquanto a música só podia *significar* a ausência na sua tripla instalação – o inaudito, o invisível, o imaterial –, a fala vai *nomear* a ausência: "*fort-da*".

Essa passagem à nomeação reúne um ganho e uma perda: o ganho é o acesso à linguagem e à ética, a perda é perda de acesso à continuidade do corpo e do espírito que permitia aceder à dança. Com efeito, o resultado da castração originária

[47] A. Didier-Weill, *Les Trois Temps de la loi*, op. cit., cap. 3.

é induzir, como vimos, um sofrimento de ordem dualista no qual o corpo e o sujeito se descobrem, tanto um quanto o outro, em exílio com relação à sua pátria significante.

O principal efeito do recalque originário é substituir o estado de contemporâneo que o sujeito era com relação ao Outro, quando ele era essa pura sonoridade sobre a qual dançava ou cantava, por um estado de separação radical instruindo o sujeito de que o Outro, cessando de ser seu contemporâneo sonoro, requer dele que passe agora, para ter uma chance de reencontrá-lo, pelo longo desvio pulsional da sublimação: o objetivo da pulsão invocante é a descoberta desse ponto virtual da nota azul, no nível da qual o corpo e o sujeito cessaram de ser contemporâneos do lugar de sua causação significante.

Fundamentalmente, o recalque originário realiza a conjunção de um duplo desaparecimento, ao fim do qual o Outro e o sujeito foram barrados: essa dupla barra ($\not{A}$ e $\not{S}$) introduz o sujeito a uma dupla ausência: ausência do Outro que cai no esquecimento e ausência do sujeito em si mesmo que advém na medida em que ele se esquece e esquece o Outro.

Mas esse esquecimento não é autista, pois não cessará de ser falado: o sentido profundo da fala é que ela advém na medida em que fala desse esquecimento, na medida em que esse esquecimento fala por seu intermédio.

O fato de que a fala fale não quer dizer que ela saiba de que está falando: a fala de que se trata aqui não é uma fala que, como na maioria das vezes, está a serviço do saber; bem ao contrário, ela é fala que nada mais faz senão nomear um real que, esquivando-se a todo saber, só pode ser designável por uma palavra. O que escapa de maneira assim tão fundamental a todo saber possível, se não o real subsumido sob o termo "ausência"? Tornando nomeável "a ausência" por um termo, não se produz nenhum saber: finge-se esquecer o fato de que o real era incognoscível, fazendo de conta que ele era, simplesmente, inominável.

Quando o neto de Freud brinca com seu carretel, nomeando a ausência e a presença, não é um ato de conhecimento sobre a ausência que ele produz, mas de reconhecimento: ele reconhece que essa ausência do carretel simboliza uma ausência inteiramente outra, aquela pela qual o Outro fez sua retirada, desde o esquecimento do recalque originário.

A brincadeira do menino está no princípio de todos os jogos humanos que põem em cena um desejo causado por um objeto cuja aparição só obtém seu sentido pelo fato de sua desaparição iminente. Esse objeto pode assumir formas múltiplas, pode ser o balão, a carta que o mágico faz desaparecer, o trunfo principal que se revela tanto mais surpreendente quanto melhor estava escondido ou a aposta que, no pôquer ou na roleta, simboliza que o que se perde pode ser centuplicado.

Em todos os casos, o objeto é este símbolo encarnado que o sujeito constituiu separando-se de uma parte de si mesmo. Essa parte perdida é aquilo pelo qual o sujeito e o Outro estão ligados, para além de sua separação: aquilo que do sujeito se perdeu (o falo) e aquilo que do Outro se perdeu são aquilo pelo que a falta do sujeito e a falta do Outro estão em continuidade. Este objeto, batizado "a" por Lacan, conjuga o paradoxo de encarnar, como lugar-tenente do Outro, uma alteridade a-sexual que, portadora da falta fálica, detém o brilho fálico.

Quando o objeto se faz carretel com o qual a criança brinca de *fort-da*, ele comemora o ato original pelo qual o sujeito, numa espécie de auto-sacrifício, corta-se de uma parte de si mesmo segundo um corte que, no caso da criança com o carretel, se situa no nível da mão. Esse corte, que se situa no nível do pé para o jogador de futebol, ou no nível da raquete para o tenista, é o lugar de separação do objeto que, destacando-se, induz a causa da ereção do desejo cuja significância fálica se encarna na ereção do pé, da mão ou da raquete.

Em ereção porque o objeto se afasta, constituindo-se como perdido, o falo murcha se o objeto se aproxima do sujeito, a ponto de este, faltoso então de sua falta, poder experimentar angústia. Isto quer dizer que o sujeito, se está inteiramente sob a ascendência do falo, poderá devotar sua vida a brincar de *fort-da*: passará seu tempo afastando-se do objeto a fim de poder correr atrás dele, para reaproximar-se e recomeçar. O que ele esquece, sendo o agente de um afastamento que cria as condições de uma reaproximação possível, é que o afastamento do Outro não é comparável àquele do objeto pois, do Outro, o sujeito não pode fazer brinquedo. Se ele não pode se aproximar do Outro por intermédio da brincadeira é porque essa aproximação requer uma outra direção ligada a um outro tipo de desejo além daquele posto em jogo pela cena do jogo fálico.

Por que, brincando de *fort-da* ou correndo atrás de seu balão, o sujeito não encontra essa significância? Porque o limite recebido pelo objeto, pelo fato de ter sido nomeado, irá conferir ao movimento dirigido para esse objeto um limite no qual a dimensão ilimitada pela qual o sujeito faz apelo à significância não pode encontrar a amplitude que lhe é necessária para respirar. O quarto tempo de que falamos remete a essa hipótese feita por Lacan de uma relação com a pulsão que se tornaria possível para além do objeto da fantasia.

Os diferentes tempos da pulsão invocante correspondem aos diferentes tempos do assumir a significância originariamente tecida entre o som e o sentido.

Essa significância, inicialmente dançada, será depois foracluída pelo trauma. Por essa foraclusão, ela voltará e será relançada por intermédio de um significante siderante que, funcionando como o emissor do Espírito das palavras, irá requerer um receptor que lhe retorne a mensagem sob essa forma invertida que é o chiste.

O chiste se revelará, às vezes, capaz de libertar o espírito da música cativado pelo sentido das palavras: ele será então alçado ao nível desse ponto azul que assinalamos ao objetivo da pulsão invocante.

II

A PULSÃO INVOCANTE E A FALA

FREUD E MOISÉS

Em 1938, na hora mais sombria da História, Freud, querendo repensar o anti-semitismo, empreende a reinterpretação da história fundadora do povo judeu, com uma angústia confessada, pois a pressão de suas elaborações o conduz, no momento mesmo em que o maior perigo ameaça seu povo, a fazer-se o anunciador, diante de seu povo, de uma má notícia, pois que se trata de "despossuí-lo do homem que ele celebra como o maior de seus filhos[1]".

Queremos aprofundar o sentido dessa despossessão, mostrando que ela está longe de se limitar à afirmação de um Moisés egípcio. A operação pela qual opera essa tese passa, com efeito, pela afirmação de que o judaísmo foi gerado por um grande homem que, se era etnicamente estranho ao povo, era-lhe sobretudo simbolicamente estranho, pois que o grande estrangeiro que era o Moisés descrito por Freud especificava-se por encarnar um legislador animado por uma concepção monoteísta, cujo racionalismo – de inspiração grega – excluía radicalmente a tradição profética bíblica. Na medida em que, para Freud, o judaísmo em nada se filia à experiência profética

[1] S. Freud, *Moïse et le monothéisme*, op. cit., p. 9.

pela qual um homem ouviu, um dia, seu criador se nomear: "Eu sou aquele que eu sou", precisamos diferenciar a despossessão pela qual o povo judeu se vê privado de um Moisés hebreu daquela pela qual ele é privado de um Moisés profético.

Nossa questão, portanto, vai incidir sobre a necessidade interna que levou Freud a dissociar dois Moisés: um Moisés da terra de Midiã, servidor inspirado de Javé, e um Moisés egípcio servidor de Aton: "É-nos permitido, creio, separar um do outro os dois personagens e admitiremos que o Moisés egípcio nunca foi a Quades e jamais ouviu pronunciar o nome de Javé, ao passo que o Moisés midianita nunca pisou o solo do Egito e ignorava totalmente Aton[2]".

A separação que Freud institui entre os dois Moisés é aquela pela qual se opõem, por um lado, magia e feitiçaria, praticadas em nome de Javé, o demônio, por Moisés o midianita, e por outro lado uma religião universal de onde toda a prática mágica é rigorosamente excluída[3], na medida em que, através de Aton, Moisés o egípcio glorifica, seguindo Akenaton, o sol, de acordo com uma "surpreendente antecipação do conhecimento científico sobre os efeitos dos raios solares[4]".

Os dois Moisés são assim radicalmente opostos pelo que opõe as divindades a que servem: Javé, demônio local, adaptado aos outros Baal, simbolizava o que, para Freud, era superstição arcaica, enquanto Aton, deus universal que não admitia nenhuma outra divindade, representava para Freud essa vitória racionalista pela qual a noção do Um, estruturando o real, antecipava a ciência.

---

[2] Ibid., p. 62.

[3] Ibid., p. 53.

[4] Ibid., p. 33.

Uma parte de *Moisés e o monoteísmo* se propõe, pois, para justificar essa dissociação, a reinterpretar a história tradicional do judaísmo. Para sustentar sua hipótese, Freud deve, com efeito, dar conta da razão pela qual a tradição conservou um Moisés lá onde, para ele, haveria dois. A construção de Freud repousa sobre a noção de um trabalho inconsciente de só-depois produzindo-se segundo dois tempos lógicos:

Depois do assassinato do grande Moisés, produz-se imediatamente um esquecimento do crime. Mas o esquecimento é transferido para o segundo Moisés cujo deus, Javé, teria sido beneficiado pelas explorações permitidas pelo deus Aton: "O deus Javé viu-se recebendo em Cades honras imerecidas, atribuía-se a ele a libertação dos judeus realizada por Moisés, mas ele expiou duramente essa usurpação. A sombra do deus cujo lugar tomara tornou-se mais forte do que ele; no fim dessa evolução histórica, o deus mosaico esquecido acabou por se eclipsar completamente. Foi somente a idéia desse deus que permitiu ao povo de Israel suportar todos os golpes do destino e perpetuar-se até nossos dias[5]".

A saída do recalcado desse deus mosaico não deve, segundo Freud, ser creditada aos levitas: embora no começo eles tivessem lutado pela perpetuação do deus mosaico, teriam em seguida compactuado com o ritual supersticioso dos sacrifícios. É ao crédito dos profetas, que se levantaram mais tarde, pregando incansavelmente a velha tradição mosaica e afirmando que a divindade desprezava os sacrifícios e os rituais, que se deve lançar a ressurreição do ensinamento de Moisés.

Assim, é a existência desse duplo deslocamento transferencial, do primeiro Moisés para o segundo e depois do se-

---

[5] Ibid., p. 76.

gundo para o primeiro, por intermédio dos profetas que, segundo Freud, justifica a existência dos dois Moisés, cada um servindo a um deus diferente.

Na medida em que toda a concepção de Freud resulta na vitória final do primeiro deus servido pelo grande Moisés e no apagamento definitivo do segundo deus, servido por Moisés o midianita, é legítimo perguntar-se se o apagamento do deus Javé é, como supõe Freud, o efeito de um recalcamento histórico, ou se é devido a um recalcamento próprio a Freud.

Este apagamento por Freud de Moisés o midianita, reencontrando a voz pela qual Javé se nomeia na sarça ardente, não deve ser sumariamente levado à conta de um compromisso pelo qual Freud conseguiria conciliar sua identificação com o grande Moisés sem no entanto renegar seu ateísmo. Poderemos, com efeito, resolver rapidamente a questão da existência dos dois Moisés dizendo que Freud repudia o Moisés místico para admirar, mais à vontade, um Moisés mais próximo dos legisladores gregos do que dos profetas bíblicos. Queremos ir além dessa primeira abordagem, pondo em evidência que por trás da hipótese dos dois Moisés está um ponto fundamental para a psicanálise, que é o da questão do modo de transmissibilidade do significante do Nome do Pai.

Com efeito, há duas vias possíveis para pensar essa transmissibilidade: a primeira via, nomeada por Lacan metáfora paterna, é a via pela qual o significante originário se transmite a um real humano, fazendo-o queimar por uma sarça ardente, na qual Lacan reconhece "a coisa" de Moisés.

A segunda via é aquela pela qual o significante do Nome do Pai se transmite, não de maneira metafórica, mas de maneira superegóica, na medida em que por essa transmissão o Nome do Pai volta, no só-depois do assassinato do pai primitivo, sob a forma de um fantasma lançador de culpa, indutor de uma lei de remorso. Sendo essa via aquela a que Freud recorre – reencontrando, naturalmente, São Paulo no caminho –, parece-nos legítimo explorar o que é induzido na teoria freudiana pelo abandono da primeira via.

O fato de ser o discípulo de Aton, e não Moisés o inspirado pela sarça ardente, que é, para Freud, o fundador do judaísmo, concorda com o fato de que foi Moisés o egípcio – e não o midianita – quem foi assassinado e com o fato de que, através da ocultação de um Moisés inspirado pelo Espírito, é a ocultação da via de transmissão metafórica que se interrompe: ocultação do que a tradição bíblica chama a *ruah*[6] – o Espírito – que está em jogo.

A *Ruah* participa do reconhecimento do profeta que é um *ich ha-ruah* – homem de espírito[7] – mas não basta, no entanto, para fundar a profecia: a profecia como tal só se realizará se aquele que é *chamado*, possuído pelo espírito, tornar-se um *enviado* que cessa de ser possuído para tornar-se possessor de uma fala que irá testemunhar que ele é um enviado: *enviado* para nomear a razão pela qual foi chamado.

Nesses tempos lógicos em que o *Davar* – a fala[8] – substitui a *Ruah*, voltamos a encontrar, ao que parece, os dois tempos lógicos correspondentes aos dois níveis de significância do Nome do Pai, que já evocamos ao propor captar a fala apolínea como tempo de tradução da música dionisíaca.

A tradição bíblica nos dá a possibilidade, diversamente da tradição grega, de aprofundar a ruptura entre a *Ruah* e o *Davar*, entre o espírito e a fala.

---

6 A. Neher, *L'Essence du prophétisme*, Paris, Calmann-Lévy, 1983, pp. 85-101.

7 Ibid., p. 86.

8 Ibid., pp. 102-110.

A *Ruah* é "espírito de vida"– *Ruah Hayym*[9] – e porque Deus, na Bíblia, está vivo, o espírito de vida, no homem, participa do espírito de Deus. É porque entre essas duas *Ruah* há uma comunicação íntima que, potencialmente, todos os homens são virtualmente profetas: homens que podem tornar-se lugar de residência no nível do qual o que é absolutamente outro pode se tornar o absolutamente íntimo.

Essa *Ruah* é aterrorizante por sua liberdade[10]: ela aparece e desaparece à vontade de Deus, com esse caráter súbito que era próprio, como vimos, a Dionísio: ela reveste Gedeão, salta sobre Davi, cai sobre Ezequiel como uma presença que busca o homem e o encontra[11].

Ela induz um êxtase de ordem mística que difere do misticismo cristão na medida em que nada pode preparar para esse encontro com Deus: não mais o recolhimento puríssimo que a minuciosa preparação espiritual do caminho.

A dificuldade que nos é exposta pela *Ruah* liga-se ao fato de que ela induz um conhecimento íntimo de Deus, mas trata-se de um conhecimento do qual nada pode ser dito, de tal sorte que os profetas, segundo a *Ruah*, inspiram desconfiança. Enquanto o conhecimento íntimo não se cristaliza em *Davar*, ele permanece conhecimento intransmissível. Logo, tudo se passa como se o profeta fosse convocado pela *Ruah*. O que era chamado nele era o advento da fala que decifra, tornando audível o que era visão[12]. Com o advento da fala, a experiência puramente subjetiva da *Ruah*, da qual o profeta

---

[9] A. Neher, *L'Essence du prophétisme,* op. cit., p. 90.
[10] Ibid., p. 93.
[11] Ibid., p. 96.
[12] Ibid., p. 106.

só podia testemunhar dizendo "eu" [*je*] – eu sonhei, eu vivi... –, objetiva-se na medida em que o "eu" é substituído pela nomeação de um "ele": "palavra de Deus, discurso de Deus[13]".

Com o aparecimento desse "ele", a *Ruah* de Deus e a *Ruah* do homem não fazem mais *um*, de modo tal que daí por diante vai haver, entre Deus e o profeta, um diálogo tornado possível pela separação introduzida entre eles.

O êxtase indutor de um conhecimento sobre o qual nada podia ser dito foi substituído por um reconhecimento pela existência de uma fala que permite o julgamento e o diálogo com Deus: o profeta, depois de ter sido o receptor do espírito da presença de Deus, fez-se o emissor de um chiste *nomeando* essa presença que, ficando re-(a)presentada, arranca-se ao presente do tempo absoluto para entrar no tempo da história.

Essa função profética, discriminando um receptor do espírito e um emissor da fala, põe em jogo um duplo processo metafórico que, à sua maneira, Lacan comenta assim: "O emissor recebe do receptor sua própria mensagem sob forma invertida".

Metaforizar o que o espírito dá a ouvir de modo que advenha um receptor bom ouvinte é o primeiro tempo da metáfora profética, que é tempo de decodificação.

Metaforizar o bem ouvido em bem dizer – *Davar* – é o tempo de inversão da metáfora que se torna tempo de codificação.

---

[13] Ibid., p. 107.

Metáfora e esperança

A Yosef Yerushalmi[14]

Essa segunda via de transmissão metafórica é, para Lacan, atribuída ao que ele chama a função do "um pai", que tem que testemunhar a seu descendente que ele é, em suma, como este, filho da linguagem.

No judaísmo, a transmissão ritual do espírito do pai é possível porque a letra da lei, outorgada aos fiéis, dispõe da possibilidade de transmitir metaforicamente aos fiéis o espírito do pai, por essa razão fundamental: a lei da árvore do conhecimento do bem e do mal não está radicalmente separada da árvore da vida[15], como o está para São Paulo, o fundador do dogma cristão.

A piedade judaica passa assim pela possibilidade dada aos crentes de encontrar, por trás da lei do interdizer, o Espírito do dizer criador, razão pela qual a lei judaica é detentora de um poder simbólico redentor.

Ora, foi esse ponto de ruptura radical entre judaísmo e cristianismo que Freud não levou em conta. Depois do pecado de Adão, a lei, para São Paulo, perdeu o poder de transmitir metaforicamente o Espírito do pai. O sujeito, decaído pelo pecado original, está numa decadência ligada ao fato de que o espírito está, em suma – como pensa São Paulo –, foracluído da letra da lei, de tal modo que o sujeito, por si mesmo, por sua própria invocação, só pode reencontrar o espírito por in-

---

[14] Y. Yerushalmi, *Le Moïse de Freud*, Paris, Gallimard, 1993.

[15] O par árvore da vida/árvore do conhecimento nos parece antecipar o par *Ruah-Davar.*

termédio de um intercessor: o filho. Só o filho dispõe do poder redentor de transmitir aos homens o espírito que a lei se tornou incapaz de transmitir. Jesus é, em suma, para o cristão, aquele pelo qual a foraclusão do pai instaurada no tempo do pecado original cessa, num tempo segundo, de ser irreversível. Ele vem no lugar da lei que, tendo perdido sua eficácia na transmissão do Espírito, nada mais detém senão o poder de perseguir, revelando a culpa e o pecado[16].

É nesse ponto que Freud é levado, por razões inerentes a sua teoria, a fazer sua a doutrina do pecado original de São Paulo.

Existe aí um paradoxo que espantou, não somente os biógrafos de Freud, como Jones e Peter Gay[17], mas também Lacan que, em seu seminário sobre a ética, constata que a concepção freudiana do assassinato primordial do Pai "está tão próxima da tradição cristã que chega a ser impressionante[18]".

Por que Freud faz sua a doutrina do pecado original fundamentalmente rejeitada pelo judaísmo? Por que vê ele em São Paulo, que situa como fundador do cristianismo, o seu predecessor que em primeiro lugar teria tido, segundo ele, a intuição do assassinato original do pai?

Freud diz o seguinte em seu *Moisés*: "Foi no espírito de um judeu, Saulo de Tarso, que como cidadão romano era chamado Paulo, que nasceu a seguinte idéia: 'Se somos assim infelizes é porque matamos Deus Pai'".

É evidente, observa Freud, que não se encontra em São Paulo uma alusão direta ao assassinato de Deus, mas essa verdade não será o que, de maneira velada, se diz por trás da boa

---

[16] São Paulo, *Epístola aos romanos*, X, 4-5 e XX, 7-7.

[17] Peter Gay, *Freud*, Paris, Hachette, 1991, p. 384.

[18] J. Lacan, *Séminaire VII. Séminaire de la psychanalyse*, Paris, Seuil, 1986, p. 207.

nova anunciada por Paulo: "Eis-nos libertos de toda culpa desde que um dentre nós deu sua vida para o resgate de todos os nossos pecados"?

Com efeito, diz Freud[19]: "Um crime que só o sacrifício de uma vida poderia resgatar poderia ser algo diferente de um assassinato?". É assim "[...] que Paulo de Tarso, apropriando-se desse sentimento de culpa, refere-o muito justamente à sua fonte pré-histórica, dando-lhe o nome de pecado original".

A questão para nós é menos a de observar essa afinidade, que Freud reconhece ter com a doutrina paulina do pecado original, do que observar a quantidade de conseqüências que daí se deduzem:

– 1ª conseqüência: se a lei dada à humanidade é realmente o efeito, só-depois, não de um assassinato simbólico, mas de um assassinato real do pai originário, essa lei se dá como uma lei de remorso, de culpa, que justifica Paulo em sua recusa do Torá: com efeito, se para ele a lei foi dada, não para os justos, e sim para os parricidas, criminosos, ladrões, etc[20], *isto é, para pessoas semelhantes ao Édipo de Sófocles*, é porque a lei, desprovida da sua capacidade de transmitir metaforicamente o espírito de Deus (que somente Jesus pode trazer), é *provida unicamente do poder de vigiar* o delinqüente potencial que é o homem.

O fato de que a lei gerada pelo assassinato do pai, pelo pecado original, seja assim exclusivamente persecutória e superegóica expõe esta questão crucial: se é o ato assassino do homem que está na origem da lei, não é, pois, a ação metafórica da lei da linguagem que está na origem do homem.

---

[19] Freud, *Moïse et le monothéisme*, op. cit., p. 197.

[20] São Paulo, *Tim*. I, 9, l 10.

Aqui, unimo-nos a Yosef Yerushalmi quando ele situa o ponto onde Freud está mais afastado do judaísmo[21] como sendo aquele onde abandona a perspectiva da esperança pela qual o homem pode não se desesperar com a maldição trágica, na medida em que pela esperança ele é levado a crer na possibilidade de aparição de uma novidade capaz de romper a cadeia de infrações fatais da qual se sustenta a tragédia grega. O fato de haver nesse ponto, para Freud, uma maior proximidade com o pensamento grego do que com o pensamento judaico tem a mesma significação de sua grande proximidade com o pensamento cristão no que concerne ao pecado: se o pensamento cristão pôde encontrar no pensamento grego os meios de se constituir em metafísica, não seria em virtude de sua afinidade íntima quanto a sua concepção desesperada – opondo-se à esperança judaica – de uma maldição originária, da qual o homem não pode ser arrancado na ausência de uma intervenção do divino?

– 2ª conseqüência: abandonando a idéia bíblica de uma criação *ex nihilo*, Freud abandona a idéia bíblica do homem como dotado de uma vocação fundamental: a de ser o receptor de uma invocação por uma voz radicalmente outra, estrangeira, que lhe fala.

É assim que o Moisés de que ele fala é despojado de sua dimensão propriamente bíblica que é a dimensão profética: o Moisés de Freud cessa de ser dividido entre a voz que lhe fala e a voz, titubeante, com a qual ele fala a seu povo. Ele cessa de ser aquele que só transmite a lei na medida em que essa lei lhe é transmitida de um lugar de absoluta alteridade[22].

---

[21] Y. Yerushalmi, *Le Moïse de Freud*, op. cit., p. 179.

[22] A. Didier-Weill, "Le Moïse de Freud de Y. Yerushalmi", in *Les Nouveaux Cahiers*, nº 15, 1995.

Freud substitui a transmissão profética, que requer a existência de duas vozes – a do profeta que dá a ouvir e aquela que se dá a ouvir ao profeta –, por uma única voz, a de Moisés o egípcio, já que este é, para Freud, aquele que, nada tendo tido que ouvir na sarça ardente, pôde se autorizar por si mesmo, somente, a enunciar a lei.

O fato de que Freud não possa considerar um só e mesmo Moisés, dividido entre o que diz e o que lhe é dito, remete-nos à dificuldade teórica em que ele se encontra para pensar a questão da transmissão da "obscura identidade judia[23]": esta se transmite de geração em geração pela fala de certos transmissores, como os levitas, ou se transforma por traços mnésicos recalcados, herdados dos ancestrais?

Com efeito, essa oposição entre a voz do recalcamento dos traços mnésicos e a voz da fala direta vem porque Freud está impedido de reconhecer que essas duas vozes talvez não estejam dissociadas: sua articulação não será a articulação dos dois Moisés num só e mesmo Moisés?

Se o discípulo de Akenaton e o discípulo da sarça ardente podem ser um só e mesmo sujeito dividido é porque, logo que fala, o racionalista pode, ao mesmo tempo em que é o emissor da fala, ouvir, como receptor da sarça ardente, que não dispõe da sua fala – como se fosse o seu autor –, pois é ele quem está à disposição dessa fala que *lhe* fala e que *o* fala da maneira ardente.

Essa sarça ardente nada mais é que o lugar onde ardem os traços mnésicos originários pelos quais se transmite a Moisés, no recalque originário, esse grande estrangeiro que é, para o

---

[23] Y. Yerushalmi, *Le Moïse de Freud*, op. cit., pp. 43-44, 47-48, 76, 151, 169.

psicanalista, o significante do Nome do Pai, na medida em que ele funda o surgimento dessa grande estrangeira que é a fala humana. Nesse ponto, Lacan se dissocia de Freud pois, para ele, o fato de Moisés o racionalista ser também Moisés inspirado não ameaça a psicanálise profana.

Se a vocação do Moisés de Freud – na medida em que não é vocação assujeitada à advocação de uma voz exterior que fala – está mais próxima do monoteísmo esclarecido da sabedoria grega do que da tradição bíblica, um certo retorno vai emergir, como observa Yerushalmi, no pensamento de Freud que, em dado momento, não pode deixar de assumir a dimensão bíblica – estranha à filosofia – *da exterioridade radical de uma fala* dirigida ao povo hebreu por um "grande estrangeiro[24]": para que o povo do Livro possa ser eleito, é necessária uma condição, a de que quem elege deva necessariamente dispor, com relação ao eleito, de uma alteridade radical, que é aquilo mesmo pelo que ele pode eleger. Nessa perspectiva, o Moisés de Freud não poderia ser hebreu pois, se o fosse – já que ele não fala em nome da voz da sarça ardente –, estaria despojado desse poder de eleger, concedido unicamente pelo fato de ser um "grande estrangeiro".

Assim, vemos Freud levado a corrigir sua negação do "grande estrangeiro" que é a voz da sarça ardente, reafirmando, mas numa dimensão, para ele, laica, a dimensão do "grande estrangeiro", fazendo de Moisés um estrangeiro, isto é, um egípcio.

---

[24] Ibid.

FREUD, SÃO PAULO[25] *E A QUESTÃO DO ANTI-SEMITISMO*

A Leon Poliakov[26]

Interpretando o anti-semitismo cristão como uma reação contra o fato de que a lei dos Dez Mandamentos é uma ética que exprime uma culpa do parricídio, sem querer, contrariamente ao cristianismo, confessar o crime cometido, Freud não aborda a amplitude de uma face inteiramente outra do anti-semitismo.

Há, com efeito, duas vias divergentes para interpretar o anti-semitismo: a primeira via, aquela tomada por Freud, é a que, referindo-se à lei como fundada pelo parricídio originário, consiste em dizer: "Não somente os judeus são deicidas, mas além disso não confessam seu crime". Nessa perspectiva, Freud afirma que os cristãos, confessando seu crime, escapam à maldição a que se expõem plenamente os judeus que se recusam a confessar.

Na medida em que Freud é assim levado a desenvolver sua teoria do anti-semitismo sobre a intuição que São Paulo teria tido, através da sua concepção do pecado original, do parricídio originário, parece-nos necessário comentar, com o texto nas mãos, as Epístolas de Paulo. O comentário nos pare-

---

[25] As Epístolas a que nos referimos são as da TOB. A leitura que propomos de São Paulo não identifica as Epístolas a um escrito antijudaico, mas procura pôr em evidência as proposições teológicas que contribuíram historicamente para sustentar o discurso anti-semita.

[26] L. Poliakov, *Histoire de l'antisémitisme*, Paris, Calmann-Lévy, 1968, 4 volumes.

ce se impor tanto mais que Freud não nos dá a impressão de haver realmente perscrutado essas Epístolas. Pelo menos, ele jamais se apóia em sua leitura para explicitar a afinidade que descobre ter com aquele a quem reconhece como tendo-o precedido no reconhecimento da realidade do parricídio originário.

A questão do pecado de Adão leva-nos a discernir os dois tempos em cujos níveis o pensamento bíblico e o pensamento paulino se separam na sua definição do pecado: a significação da falta é, com efeito, radicalmente divergente conforme a ênfase seja dada à transgressão de Adão no tocante ao mandamento: "Não comerás da árvore da ciência do bem e do mal" (Gênese, 2.17), ou, no que diz respeito à pergunta de Deus convidando Adão ao arrependimento: "Onde estás?" (Gênese, 3.9).

Por que Adão, escondido atrás de sua árvore, está desorientado, angustiado por essa pergunta de Deus que incide sobre o "onde"?

Porque, acreditando saber "onde" estava, ele aprende que não está lá onde poderia estar; enquanto acreditava, com efeito, estar ali onde se escondera, ele descobre, angustiado, duas coisas: por um lado, que esse esconderijo não o é, aos olhos de Deus; por outro lado, que apesar do olhar que este pousa sobre ele e que significa: "Sei onde estás", Deus lhe pergunta, no entanto: "Onde estás?".

Por essa pergunta, é assinalado a ele o erro que cometeu: enquanto acreditou escapar à culpa escondendo-se silenciosamente ali "*onde*" pensava estar invisível, Deus fala e levanta a questão do "*onde*": "Não te pergunto *onde* estás escondido, pergunto "*onde* estás" quando te crês escondido".

Vendo-te, sinalizo a ti que o lugar "onde" te crês escondido não é um lugar onde estás incógnito e falando-te, perguntando-te "onde" estás, "onde" estás com relação a mim, sinalizo-te que existe em ti um ponto de liberdade que ainda não sei "onde" te engajará; se sei, por meu olhar, onde é o esconderijo especular topográfico onde te dissimulas, não sei, pelo próprio fato de que te pergunto: "onde estás?", "onde" é este lugar metafórico que tu somente podes encontrar para ousar me responder sem fugir.

Exercerás este poder da fala que é teu para fazer *techouvah*, para reencontrar o lugar que momentaneamente abandonaste, afastando-se da minha lei? Sabes que, escondendo-te, tomando o caminho da culpa vergonhosa, escolhes separar-te mais uma vez de mim?

Crês que, porque pecaste uma primeira vez, eu considere que estás perdido para mim, quando foste tu quem escolheste, pela segunda vez, perder-te, escolhendo o caminho da vergonha: querendo esconder-te de mim, és tu que te perdes.

Mas "jamais há dois sem três": podes renunciar a teu esconderijo, voltar para mim criando, por uma fala que, reencontrando onde está sua raiz, se autorizaria a responder a minha pergunta: "Onde estás?".

No entanto, Adão não saberá, como Abraão, encontrar a enunciação dessa audácia que poderia tê-lo feito dizer: "Eis-me aqui", ou: "Tenho a audácia de falar a meu Senhor".

Em vez de articular, à maneira de Abraão, uma fala semelhante, ele vai renunciar uma terceira vez; não responderá: "Eis-me aqui, eis quem sou, um ser de fala", mas: "Eis quem é a culpada, ela, a mulher".

Se Adão não se tivesse degradado assim, descarregando em Eva, se houvesse respondido a questão topológica do "onde", ele teria efetuado o ato de retorno pelo qual teria sido levado a articular a enunciação de um eu [*je*], proferindo: "Eu estou aqui". Ali, nessa "árvore da vida", onde a fala de Deus pode ser articulada, de maneira viva, à arvore do conhecimento do bem e do mal.

Essa articulação pela qual as duas árvores podem fazer apenas uma – o "Torá é árvore da vida", Provérbios 3-18 – é o segredo pelo qual o Torá não dissocia, com efeito, a letra da lei do espírito da lei, mas pensa-os como em continuidade.

Que não tenha sido feito esse ato de *techouvah*, de retorno, ato pelo qual se poderia ter atualizado o não-esquecimento do Outro, esta é, sob um ponto de vista bíblico, a verdadeira dimensão do pecado que, nesse sentido, não é pecado de concupiscência, mas pecado contra o espírito: o pecado do esquecimento.

Nesse ponto intervém a diferença fundamental entre a interrogação bíblica e a interrogação paulina quanto ao pecado: se, do ponto de vista bíblico, Adão pecou porque poderia ter-se arrependido e não o fez, do ponto de vista de Paulo o pecado não está aí.

Em virtude da interpretação que dá do pecado original, Adão, com efeito, não podia voltar a Deus por meio dos recursos que lhe haviam sido dados pela graça de Deus, a saber, a liberdade de poder se apoiar na lei da fala para aceder ao espírito da lei viva que é a árvore da vida.

A grande diferença entre a Bíblia e as Epístolas liga-se, de fato, à maneira de responder à seguinte pergunta: Adão não *quis* fazer retorno a Deus, ou Adão não *podia* fazer esse retorno? Sob o ponto de vista bíblico, Adão não fez, mas *poderia* ter feito *techouvah*; sob o ponto de vista paulino, ele *não podia*, pelo próprio fato do pecado original.

Por quê? Porque, sem o intermédio de Cristo, a lei do pai, sua palavra dada ao homem, não cria as condições de uma possível redenção.

Nessa perspectiva, Adão, no que toca à sua falta, é capaz de dizer exatamente o que dirá São Paulo, sobre a falta, na *Epístola aos romanos*: "O bem que eu quero, não o faço; e o mal que eu não quero eu faço".

Por que faço o mal? Porque a carne (Rom. VIII, 7) "não pode mesmo" submeter-se à lei de Deus: "Ela vota a lei de Deus à impotência"(Rom. VIII, 3).

Na medida em que ela "não pode mesmo" obedecer, essa desobediência não pode ser julgada, pois procede de um "eu que não escolhe desobedecer". O poder de um tal "eu" [*je*] que vota a lei de Deus à impotência liga-se precisamente ao fato de que, estando cego e desprovido de livre arbítrio, ele é subtraído à lei de Deus que, para agir, deve encontrar a liberdade do homem.

Mas aqui se coloca a seguinte questão: entre o "eu" que, em virtude da lei de Deus, "não quer o mal" e o "eu" que não pode deixar de fazê-lo, existiria um "eu" intermediário, um "eu terceiro", que teria a liberdade de julgar o processo que o "eu" do bem faz ao "eu" do mal e o poder de fazer executar, depois da deliberação, o que ele julgou?

Nesse ponto, Paulo é categórico: um tal "terceiro eu" que tornaria possível o retorno a Deus não poderia existir no homem, de tal sorte que (Rom. VII, 18): "Querer o bem está a meu alcance, mas não realizá-lo".

Sem dúvida, de um ponto de vista paulino, Adão queria o bem, mas não podia realizá-lo: ele não podia fazer retorno a Deus que lhe perguntava: "Onde estás?", pois, devido ao pecado original, via-se cortado da parte viva da lei que é a árvore da vida, para ser regido somente pela árvore do conhecimento do bem e do mal. Este corte radical entre as duas árvores se manifesta, em Paulo, por um corte entre as diferentes faces da lei: a letra da lei, o espírito da lei e a lei do pecado.

Enquanto no pensamento bíblico essas três faces da lei estão articuladas de modo a ficarem numa enigmática continuidade, o corte querido por Paulo introduz um desprendimento entre essas três componentes da lei, de tal modo que cada componente vai se emancipar, isolar e entrar num conflito dualista com as outras duas: conflito entre a letra da lei e o espírito da lei, entre o espírito da lei e a lei do pecado, entre a lei do pecado e a letra da lei.

Se essa dissociação da lei, que torna impossível a salvação pela lei, é estranha ao judaísmo, é que a questão pela qual deus interpela o homem – "Onde estás?" – é um dizer que transmite ao homem essa temível tarefa: ele só aceitará a lei dada por Deus se não esquecer que o interdizer do bem e do mal está entrelaçado ao *dizer* de Deus, entrelaçado ao espírito vivo da palavra de Deus. A lei, com efeito, não poderia ser autenticamente ouvida, entendida, se o judeu não ouvisse, ao mesmo tempo, o dizer de Deus que interroga "Onde estás?" e o interdizer que ordena; se não fizer, a cada vez, a prova do temor radical que daí se deduz, cairá no ritualismo.

Vamos examinar a que dialética profunda e sutil é conduzido São Paulo, a partir do momento em que, para ele, o amor do filho, substituindo o temor ao pai, consegue substituir uma lei *una* por *três* tipos de leis tornadas antinômicas: leis do espírito, da letra e do pecado.

É nessa substituição, como vamos tentar demonstrar, que reside a nosso ver a fonte teológica do ulterior antijudaísmo.

Numa primeira etapa, Paulo parte desta constatação: a lei tem um poder temível, o de revelar o pecado.

(Rom. VII, 7): "Eu não teria conhecido a cobiça, se a Lei não me tivesse dito: 'Tu não cobiçarás'".

(Rom. VII, 9): "O mandamento veio, o pecado cobrou vida".

(Rom. VII, 2): "O pecado me seduziu pela voz do mandamento e por ele deu-me a morte".

A lei como interditora ("tu não cobiçarás") me revela, pois, duas coisas dissimétricas: de maneira imediata, ela me induz ao mal (eu cobiço) e, de maneira mediata, ela me indica – no só-depois – aquilo a que devo renunciar: devo renunciar à sedução do mal para fazer o bem. Este "bem" é, assim, algo que aparece secundariamente, na medida em que dedutível do mal, e não alguma coisa a que eu aceda diretamente: só acedo a ele de modo indireto, *não como algo que posso desejar*, mas como algo que não devo fazer.

Mas, vai se perguntar Paulo, se o que "eu não quero, eu o faço" (Rom. VII, 16), quem será responsável? O "eu" [*je*] que não *quer* o mal (o que Paulo chama o "Eu" [*Moi*] – Rom. VII, 17) ou o "eu" [*je*] que *faz* o mal?

O que Paulo traz de decisivo é que não há relação alguma entre esses dois "eu" [*je*] e que, sob este aspecto, o "eu" [*je*] que faz o mal é empurrado nessa direção por uma força cega, que ele chama de pecado, que tem o poder de "me" seduzir.

Este "eu" [*je*] não é o "eu" [*moi*], não é o "eu" [*je*] que quer fazer o bem: "Se o que 'eu' [*je*] não quero, 'eu' [*je*] o faço... não sou eu [*moi*] quem age, mas o pecado que habita em mim" (Rom. VII, 16).

Este "eu" [*je*] do pecado é algo de não subjetivável, pelo qual o homem não tem que responder porque não está em seu poder responder por ele: é uma força que parece agir só, independentemente do sujeito, o qual é, em suma, situado como um espectador impotente do que acontece. Essa impotência do homem vem, pois, do fato de que ele é percebido como lugar onde fariam vizinhança duas instâncias irremediavelmente separadas uma da outra, pois desprovidas de todo ponto comum que as possa articular.

Na ausência de um tal ponto comum, o sujeito não tem nenhum poder por si mesmo de lutar contra o pecado, pois que este pecado, residindo na carne, está fora do alcance do homem "interior" que quer fazer o bem.

Nesse ponto, Paulo está diante de um dilema terrível. O que, pois, pensar da lei dada por Deus se ela deixa o homem presa do pecado; seria ela causa do pecado?

Diante dessa questão temível, que poria Deus em causa, Paulo encontra a solução que faz sua enorme originalidade: ele consegue, ao mesmo tempo em que afirma sua concepção dualista, escapar ao gnosticismo e escolhe salvar a lei, formulando que a lei de Deus é boa: ela não causa o pecado, só faz revelá-lo. Aí está a grande descoberta de Paulo, aquela pela qual o pecado original encontra direito de asilo na nova religião.

À pergunta (Rom. VII, 13): "O que é bom tornou-se causa do mal para mim?", Paulo responde: "Decerto que não! É o pecado: servindo-se do que é bom, ele me deu a morte".

Nesse sentido, a lei é provisoriamente salva. Rom. VII, 11: "Ela é santa". Essa salvação significa que a responsabilidade do mal é, pois, inteiramente imputável à carne. Rom. VII, 23: "Em meus membros, descubro uma outra lei [...] que faz de mim o prisioneiro da lei do pecado".

A etapa seguinte do raciocínio de Paulo leva-o a formular que se, decerto, a lei é santa, acontece que por mais santa que ela seja é ineficaz, pois não é de nenhum socorro ao homem para lutar contra o pecado. Com efeito (Rom. VIII, 3):

"A carne vota-a à impotência". Nesse ponto, a lei do pecado é, pois, mais eficaz que a lei de Deus.

Essa lei se dá, assim, como uma instância capaz de desenvolver *um saber "intelectual" sobre o bem e o mal.* Rom. VII, 25: "Estou assujeitado pela inteligência à lei de Deus". Trata-se aí de um saber muito particular: saber puramente intelectual, despojado de todo poder de ação, de toda eficácia simbólica, de todo poder de liberação do homem que permanece prisioneiro da lei do pecado, a qual tem o poder de agir eficazmente sobre o homem, de quem faz seu prisioneiro. São Paulo opõe assim um "homem interior", que "obtém prazer" no pensamento, na sua "inteligência", com a lei de Deus, a um homem prisioneiro, em ato, da lei do pecado. Rom. VII, 22: "Tenho prazer na lei de Deus como homem interior, mas em meus membros descubro uma outra lei que é ratificada pela minha inteligência: ela faz de mim o prisioneiro da lei do pecado que está em meus membros".

Deste dualismo entre uma *lei que faz pensar* (lei de Deus) e uma *lei que faz agir* (lei do pecado) decorre uma falta ética que Paulo resume assim (Rom. VII, 18): "Querer o bem está a meu alcance, mas não realizá-lo, pois que o bem que eu quero, não o faço; e o mal que eu não quero, eu faço".

Nova etapa lógica no pensamento de Paulo. Tendendo a situar-se na continuidade da Bíblia (a lei de Deus é santa), ele vai justificar sua concepção da descontinuidade entre a antiga lei e a nova lei, daí tirando as conseqüências da ineficácia da lei quando ao pecado.

Na medida em que a lei de Deus perdeu toda eficácia simbólica, ela não dá ao homem os meios de sair dessa prisão que é o pecado, mas ao contrário entrega-o ao pecado e desse modo adquire um tipo inteiramente outro de eficácia: aquela que a psicanálise foi levada a reconhecer no supereu.

Nesse ponto, somos obrigados a reconhecer que, quando Paulo fala sobre "*a lei*", ele não fala, *em caso algum, da lei no que ela tem de simbólico*, e sim *dessa lei fundamentalmente persecutória do supereu* que Freud descobre nos fundamentos do sofrimento de todo sintoma.

O paradoxo do supereu liga-se ao fato de que o sujeito humano tem tamanha necessidade "de uma" lei para existir que é levado – quando a lei simbólica pacificadora falha – a substituí-la pelo reinado dessa lei feroz do supereu perseguidor. É assim que um sujeito que não foi assujeitado à lei simbólica pode inconscientemente assujeitar-se à lei persecutória.

Entre mil exemplos clínicos, vamos tomar o seguinte, dado por Lacan[27]: um homem pede a ajuda da psicanálise pois, sendo escritor, está gravemente entravado na sua atividade, já que é vítima de uma cãibra irredutível na mão direita. O que descobre ele em sua análise? Que esta mão, cujo uso ele perdeu, remete-o a um mandamento pelo qual a lei islâmica – porque ele é de religião islâmica – diz o seguinte: "Será cortada a mão direita daquele que for ladrão". Ora, o pai desse sujeito, acusado de haver roubado, não teve a mão cortada. O que não foi punido nele vai sê-lo, de maneira aberrante, no nível da mão paralisada do filho escritor.

Como devemos compreender o fato de que o mandamento "Tua mão será cortada" tenha podido adquirir, à revelia do sujeito, o poder de cortar-lhe, no real, sua atividade manual?

---

[27] J. Lacan, Seminário de 16 de fevereiro de 1955, *Le Moi dans la théorie de Freud et dans la technique de la psychanalyse*, *Le Séminaire*, t. II, Paris, Seuil, 1978.

Será necessário que repensemos a distinção paulina entre a letra da lei e o espírito da lei, reformulando esta questão: o que é o espírito da lei?

Diante das dez falas, o homem judeu e o homem cristão estão situados de maneira dissimétrica: a escolha proposta a um não é a mesma que é proposta a outro: para o judeu, dizer *"sim" à lei não se dá sem temor, pois por trás do interdizer ele ouve o dizer* de Deus, que o interpela sobre a escolha que fará por sua liberdade: responderá ele "sim" ou "não" a este dizer que transcende a letra do interdito?

A extrema dificuldade do "sim" liga-se a duas coisas:

– por um lado, ela é o efeito do fato de que ele poderia ter dito "não", mas disse não ao nao;

– mas, mais profundamente, o "sim" dado pelo homem ao dizer de Deus é um ato que se produz na liberdade na qual o sujeito faz a experiência da solidão mais radical; a radicalidade dessa solução liga-se ao fato de que, durante o tempo infinitesimal em que o sujeito duvida e delibera entre o sim e o não, Deus se ausenta, se cala, deixa-o só com essa possibilidade de dizer "sim".

Nesse sentido, o "bem dizer" não é dizer "o" bem, mas "bem dizer" o "sim".

Nesse instante de perdição, o sujeito deve encontrar por si mesmo o caminho do "terceiro eu [*je*]". Este "por si mesmo" significa que, nesse ponto, há uma zona obscura onde não há mais código de rota, não há mais lei passível de se inscrever que permita indicar como fazer para obter a garantia de encontrar a justeza do dizer.

Essa zona obscura é a zona do deus oculto que deixa o homem abandonado e dilacerado em seu ato de deliberação.

Depois de se ter revelado de maneira siderante ao homem, dizendo-lhe "onde estás?", Deus volta ao silêncio de onde saíra, deixando ao homem a questão formulada. E agora, eis que é o homem quem lhe devolve essa questão e lhe pergunta: "Onde estás? Pai, por que me abandonaste?".

Entre o instante em que Abraão se ouve perguntar "Onde estás?" e aquele em que encontra a possibilidade de responder "Eis-me aqui", existe o enigmático tempo de latência psíquica encontrado pelo sujeito quando se vê siderado pela manifestação do significante do Nome do Pai: se ele é siderado pela maneira como esse significante se manifesta, não o é menos pelo modo como ele se eclipsa, se retira tão logo foi revelado. É nesse tempo de latência que Abraão, siderado, encontra a possibilidade de uma via para a de-sideração, via pela qual se articula, na solidão extrema, este "terceiro eu" a cuja possibilidade Adão renunciou.

A descoberta da possibilidade, como tal, deste "terceiro eu" é precisamente o que é recusado pela concepção paulina, na medida em que, pela graça de Deus, o homem cristão é extraído à questão da possibilidade de encontrar, durante o tempo em que Deus se eclipsa, o caminho do bem: na perspectiva cristã, *substitui-se o fato de poder fazer* pelo *fazer* o bem. Se, com efeito, o cristão escapa à maldição do pecado original, isso não o torna capaz de poder fazer o bem, mas de fazê-lo.

Sob este aspecto, Santo Agostinho evoca São Paulo pregando aos Coríntios: "Ele não diz, em absoluto, oramos para que vocês possam fazer o bem, mas para que façam o bem" (Cor. II, 13-17).

Mais adiante, ele cita Mateus, 10-20: "É o espírito de vosso pai que fala em vós" e observa: "Ele não diz 'É o espírito de vosso pai que vos deu o poder de bem falar', mas diz: 'que fala em vós'!".

Essa colocação em perspectiva, por Santo Agostinho, da diferença que existe entre poder fazer e fazer, entre poder falar e falar, indica o ponto de um abismo entre judaísmo e cristianismo: se me é dado falar, na medida em que o espírito do pai fala em mim, posso crer, no instante em que falo, que esse "eu" [*je*] é garantido no que diz pela presença atuante da graça.

Se, ao contrário, me é dado falar, não porque o pai *me fez a graça de "estar" ali quando falo*, mas porque ele me fez somente *o dom gracioso de ser capaz de poder falar* com justeza, a situação criada é inteiramente outra: então, o silêncio sobre o qual se destaca minha palavra me remete ao fato de que esse silêncio não é habitado por uma presença que autentifica minha fala, mas está vazio de toda presença garantidora.

Como sustentar a palavra por um tal vazio? Pelo que se pode chamar de audácia, outorgada pelo desejo inconsciente. Quando, por exemplo, Abraão ousa se opor a Deus: "Sou bem audacioso de falar a meu Senhor, eu que sou pó e cinzas", ele só tem a audácia para sustentá-lo.

Como saberia ele, no momento em que fala assim, se tinha a garantia de realizar a vontade divina? Como, da segunda vez que precede a resposta de Deus, poderia ele saber, por um lado, que Deus lhe responderia, por outro lado, que Deus não lhe responderia fulminando-o? Se houve audácia em Abraão, foi porque ele aceitou *falar sem ter a garantia de estar na vontade de Deus*. Precisamos, nesse sentido, opor de maneira muito forte a dimensão do *temor de Abraão* encontrando a lei de Deus à dimensão de "*prazer*" evocada por Paulo nesse encontro, quando diz (Rom. VII, 22): "Tenho prazer na lei de Deus como homem interior". E quando ele acrescenta (Rom. VII, 25) que "sou assujeitado a ela pela inteligência", ele marca o quanto a lei do bem e do mal está, para ele, radicalmente despojada da presença afetadora do dizer de Deus que, para Abraão, jamais é presença que se dirige ao que seria, nele, uma atividade "intelectual" cortada de suas raízes afetivas.

O temor de Abraão, que está no extremo oposto do "prazer" que tem Paulo na lei de Deus, testemunha o caminho interior pelo qual ele paga o preço para que, "das profundezas", possa advir o "terceiro eu" de que falamos. Assim, ele escapa radicalmente à problemática dada por Santo Agostinho da via na qual o homem cristão pode orientar-se para seguir em direção ao bem. Apoiando-se em São Mateus, Agostinho nos diz: "A árvore boa não pode produzir maus frutos, nem uma árvore má bons frutos". E Agostinho prossegue (a crise do pelagianismo*, a graça do Cristo), opondo "àquele cuja vontade é má, isto é, a árvore cuja raiz é má, o homem bom na medida em que este constitui uma árvore boa, quando recebe a graça de Deus, pois não é por ele mesmo que o mau se constitui em bom... é necessário que ele seja ajudado pela graça, sem a qual nada pode fazer de bom".

Igualmente, a razão pela qual Abraão é um justo é radicalmente diferente, do ponto de vista judeu e do cristão: para Agostinho, ele *é*, sem dúvida, uma "boa árvore", porque é

* Doutrina herética pregada por Pelágio (360 - 425), que se opunha a Santo Agostinho quanto à teoria da graça e da predestinação, sustentando que a graça está difusa na natureza e é um dos atributos do homem, que nasce sem pecado, embora os cometa no decorrer de sua existência. Condenada pelo Concílio de Éfeso, em 431, desapareceu como seita, surgindo como objeto de discussão nas disputas teológicas do Século XVII. (NT)

ajudado pela graça de Jesus Cristo que ali está por toda a eternidade. Sob o ponto de vista judeu, se Abraão está na justiça de Deus, não é em absoluto porque ele *é* uma "boa árvore" que faz o bem porque ajudado pela graciosa vontade divina: é porque *ele escolhe só* (contrariamente a Noé, que permanece silencioso diante da vontade divina de enviar um dilúvio à humanidade) *opor-se a Deus sem a graça de Deus*, falando a este face a face. A escolha feita ali por Abraão se origina, não de um livre arbítrio psicológico, mas de um livre arbítrio espiritual, a que ninguém poderia aceder sem conhecer o mais extremo temor: o temor de assumir o mais extremo dos desejos humanos, aquele pelo qual o homem ousa responder à questão: "Onde estás? Onde está o homem?".

Esse livre arbítrio é anulado no cristianismo? Não de todo: se o homem não tem a liberdade e a possibilidade de poder ser santo sem o concurso da graça, ele pode escolher, à falta de poder fazer o bem, o fato de não aceitar o mal. Nesse sentido, Agostinho suaviza a posição de Paulo ("eu não faço o bem que eu quero, mas cometo o mal que detesto"), observando que o homem pode, em nome de um livre arbítrio, não fazer o ato de concupiscência, só que essa renúncia nem por isso introduz uma realização "total", já que renunciar à concupiscência não acarreta automaticamente o fato de ser liberto dela.

Como fazer para que o pecado que continua a residir na carne deixe de ser uma causa incessante de tormento? A solução de Agostinho é a seguinte: trata-se de protestar subjetivamente contra a persistência do pecado, tomando-lhe *ódio*: "na medida em que odeia sua concupiscência, ele faz o bem".

Assim, sem o meio sobrenatural da graça que pode libertá-lo da concupiscência, resta ao homem o uso de um livre arbítrio psicológico para lutar – pelo ódio – contra o pecado.

Mas um tal livre arbítrio pode ser vivido, como tão bem mostrou Paulo de Tarso, como uma prisão: o homem sedento de liberdade espiritual sufoca sob o peso da liberdade "intelectual" quando esta, assujeitada ao interdizer divino referente à árvore do conhecimento do bem e do mal, cessa de sê-lo ao dizer da árvore da vida.

O espírito da lei é o que é alcançado quando o sujeito, ao mesmo tempo que fala com as palavras que recebe da lei simbólica, não se situa como estranho a essa lei simbólica à qual, no entanto, é estranho, já que ela lhe preexiste e ele não é o seu autor. É na medida em que é tomado pelo temor de Deus que ele não se situa como estrangeiro a essa estrangeira que é a lei e que ele assume o espírito da lei.

Nomear essa parte do indivíduo que é "não estrangeira" a essa estrangeira que é a lei simbólica não nos é impossível: é este "terceiro eu" que das profundezas – *de profundis* – é chamado a ser, pela questão dirigida a Adão: "Onde estás? Onde está esse terceiro eu?".

Mas não é por ser chamado que este "terceiro eu" vem automaticamente; a resposta ao apelo é mais complexa do que a resposta ao mandamento superegóico que requer uma obediência automática: ela requer que o sujeito consinta, perdendo, no temor e no tremor, sua inocência, ao ouvir a pergunta "onde estás?".

Este temor e este tremor significam que o sujeito sabe então, na inocência perdida, que o preço a ser pago para aceder ao espírito da lei é um preço que custa caro, custa "a carne": preço da angústia de castração, exigível para que o sujeito se arranque à posição dualista que o cliva entre um sujeito que quer o bem e um sujeito que faz o mal, para alçá-lo a uma posição de sujeito, não mais clivado, mas dividido.

O que é o sujeito dividido? É um novo sujeito que, nascido das profundezas do inconsciente, não é mais um sujeito detentor de um saber "intelectual" sobre o bem e o mal, não está mais "assujeitado pela inteligência à lei de Deus": este novo sujeito, de fato, não tem mais um conhecimento intelectual da lei, pois ele se torna efeito dessa lei que encontra, através dele, sua eficácia simbólica: a identidade metafórica entre o terceiro "eu" e a terceira pessoa que é a *dritt Personn* marca o êxito da metáfora paterna.

Este novo sujeito é o sujeito desejante do espírito da lei. Ele marca a transmutação onde o desejo do Outro se tornou desejo do sujeito. Se este novo sujeito não advém, virá a seu lugar, para substituir a lei simbólica, a lei superegóica que se dará a ele como uma pura letra, desconectada da significação metafórica. Quando a letra é, assim, não subjetivada pelo sujeito, ela se transforma em comando exterior (o supereu), produzindo uma injunção que o sujeito não pode discutir: se essa injunção diz "terás a mão cortada", a mão o será, não de modo simbólico, mas realmente.

Isto dito, o caminho da cura, para este homem de mão paralisada, passará pela substituição da lei perseguidora por uma lei simbólica, pacificadora, fundada num corte simbólico ao qual o sujeito, devido aos avatares de sua história, não pudera aceder.

O que é um corte simbólico?

É um ato de aliança simbólica, pelo qual o sujeito faz o luto de uma parte de seu corpo, para que seu corpo porte o traço, a marca, do fato de que o surgimento da fala no humano só se faça ao preço de uma libra de carne; se a circuncisão é uma castração simbólica, e não real, é porque ela não tem por função instaurar uma impotência sexual no homem, mas ao contrário, instaurar sua potência, pois o que se chama a "potência" não é possível a menos que o homem tenha assumido o luto exigido pelo reconhecimento da morte: nessa perspectiva, a cura do homem com a mão cortada passa pelo fato de que ela terá cessado de ser o lugar de uma sanção real, sancionando um delinqüente, para tornar-se o lugar de um corte simbólico, isto é, o lugar de uma circuncisão que não mais dissocia "circuncisão da carne" e "circuncisão do espírito". Esse caso clínico tem o mérito de explicitar que a noção de "lei" não designa um campo unívoco, mas um real antinômico: o destino do homem, dilacerado entre duas faces contraditórias da lei, pacificadora ou persecutória, orienta-se pela maneira como ele recebe uma ou outra. Em suma, a lei é para o "Justo" ou para o "delinqüente"?

Sobre essa questão, Paulo não tem dúvida alguma (Tim. I, 9): "*A lei não está ali para o justo*, mas para as pessoas insubmissas e rebeldes, os impuros e pecadores e sacrílegos e profanadores, parricidas, mercadores de escravos, mentirosos, perjuros...".

Essa concepção de uma lei, "não para os justos" mas para os delinqüentes, é efetivamente essa lei de vigilância policial de que fala Paulo (Galat. III, 24): "A lei nos vigiou".

Última etapa da lógica paulina: quem não se revoltaria diante de uma lei tão desumana? Paulo é, assim, lógico consigo mesmo, levado a situar-se como uma espécie de insubmisso, de rebelde, propondo libertar-se do jugo da escravidão dessa lei que mantém o homem no cativeiro. É a este título que ele invoca o termo "liberdade" (Galat. V, 1) outorgado pelo fato (Rom. VII, 15) "de não mais servir 'sob o regime prescrito da letra', mas servir 'sob o regime novo do espírito'".

Com a introdução dessa nova lei, lei do espírito, a dialética dualista de Paulo chega a seu termo.

O que é esse dualismo? É a aparição do par conflitante entre o espírito, a letra e a carne: lá onde esses três registros estavam nodulados juntos pela lei simbólica, Paulo substitui o enigma dessa unidade por seu desnodulamento em três tipos de lei, entrando em conflito dois a dois, determinando três tipos de conflitos: conflito entre a carne e a letra, conflito entre a letra e o espírito, conflito entre o espírito e a carne.

Os três conflitos e as três faces do anti-semitismo

No conflito entre a carne e a letra, a letra da lei se revela impotente para lutar contra a lei do pecado, pois (Rom. VIII, 3): "A carne vota-a à impotência"; e (Rom. VIII, 7): "O movimento da carne é revolta contra Deus, ela não se submete à lei de Deus, ela nem mesmo o pode".

O argumento anti-semita gerado desse primeiro conflito está ligado ao fato de que, como a letra da lei não permite extrair-se do pecado carnal, os judeus estão consubstancialmente ligados à maldição da carne (Galat. III, 4): "Os praticantes da lei estão todos sob o golpe da maldição".

Vamos ver ulteriormente como, a partir desse enunciado, Paulo fundará a divisão judeus/cristãos no par "Israel segundo a carne" e "Israel segundo o espírito".

Deixo à meditação do leitor o cuidado de analisar a proliferação que tomou, mais tarde, essa associação dos judeus ao domínio da carne: por um lado, a da luxúria, da rapacidade e da avareza e, por outro, a da carne como passível de ser reconhecida numa filiação étnica.

O segundo conflito é aquele entre a letra e o espírito, na medida em que o espírito de Deus, quando não presentificado por seu filho, é impotente para se transmitir por sua letra: a prática da letra cega, com efeito, os judeus e os impede de atingir a iluminação do espírito. Essa cegueira dos judeus se produz, inicialmente, na colocação em prática da letra da lei, através daquilo que Paulo nomeia "as obras", em particular a prática da circuncisão, e na maneira como eles lêem (Cor. II, 13-16): "Cada vez que lêem Moisés, um véu está sobre seus corações."

Sobre este véu, Paulo acaba por imputar sua responsabilidade a Satã, que ele chega a qualificar, num movimento em que se confessa uma influência gnóstica, de "Deus deste mundo" (Cor. II, 3): "Nosso evangelho permanece velado para os incrédulos, cuja inteligência o Deus deste mundo cegou, a fim de que não percebam a iluminação do evangelho".

Santo Agostinho tirará daí os desenvolvimentos que conhecemos, nessa noção da cegueira dos judeus.

O segundo aspecto do conflito entre a letra e o espírito é desenvolvido por Paulo no que ele diz dos judeus que operam a lei para se justificar diante de Deus. A ruptura com Pedro e Tiago se dá, nesse sentido, quanto à prática da circuncisão à qual permaneciam fiéis (Galat. V, 1): "Eu, Paulo, lhes digo, se vocês se fizerem circuncidar, Cristo não lhes servirá de mais nada... Romperam com Cristo e colocam sua justiça na lei: vocês decaíram da graça".

Os termos empregados por Paulo para fustigar os dois apóstolos merecem ser guardados, pois indicam uma direção semântica que jamais será abandonada pelo vocabulário anti-semita: a dos "falsos irmãos".

Ele fala, aos *Filipenses*, de "falsos obreiros", em Galat. II, de "jogo duplo" e, em Coríntios II, de "falsos apóstolos", de "falsários camuflados em apóstolos do Cristo", chegando mesmo a acrescentar: "Nada de surpreendente nisso, o próprio Satã se camufla em Anjo de Luz".

Sabe-se que sucesso irá adquirir, no discurso anti-semita, essa associação da falsidade do judeu com Satã. Essa noção de mentira designa o ponto preciso em que Paulo rompe com a ética judaica, que jamais situa o pecado no nível da carne, isto é, no nível daquilo que não fala, mas sempre no nível da palavra, isto é, no nível daquilo que tem a possibilidade de mentir.

Para o homem da Bíblia, mentir é esquecer Deus. Ora, a verdadeira assunção da lei implica pôr em obra a letra da lei sem esquecer o espírito de Deus. Mas não esquecer o espírito implica uma dificuldade específica, pois o ato ritual não outorga a garantia de estar espiritualmente presente a Deus. Há, assim, esse paradoxo na lei: embora seja manifestação de uma presença de Deus, ela deixa o homem numa certa solidão, de tal modo que é numa trajetória solitária, por exemplo, no estudo, que o sujeito tem de reencontrar o caminho do espírito que o esquecimento tende a perder.

Esse trabalho de não-esquecimento tem que ser sempre refeito, pois há que se desfazer sempre o pecado que é o esquecimento, do qual o homem não é *irresponsável, mesmo que esse esquecimento aja à sua revelia.*

Se o homem da Bíblia não pode dizer, como Paulo: "Se o que eu não quero, eu o faço, é que não sou eu quem age, mas o pecado que habita em mim", é que para ele esses dois "eu" não estão dissociados: não o estão porque o "eu" que quer o bem – aquele que busca o espírito – e o "eu" que faz o mal – aquele que quer esquecer – estão em continuidade, devido à existência de um terceiro "eu", solicitado pela primeira questão de Deus: onde estás.

Quando se põem em continuidade esses três "eu", a letra, o espírito e a carne não estão em relação de conflito dualista, pois estão nodulados: a idéia dualista de Paulo, que opõe, na circuncisão por exemplo, a idéia de um exterior visível onde operaria a circuncisão da carne a um interior escondido, onde se operaria a circuncisão do coração, pode ser compreendida, assim, como manifestação de um pensamento que renunciou a pensar a continuidade entre o escondido e o visível. Nessa perspectiva, Paulo é inevitavelmente conduzido a dizer o seguinte (Rom. II, 28): "Não é a marca visível na carne que faz a circuncisão, mas o que está escondido é que faz o judeu, e a circuncisão é a do coração, aquela que se origina do espírito, e não da letra".

O homem da Bíblia, que jamais tem a garantia de estabelecer, de uma vez por todas, essa continuidade, que é o próprio não-esquecimento, é assim levado a sustentar uma luta incessante, mas não desesperada. Essa desesperança seria o que leva Paulo a pensar que, sem a intervenção de um Deus salvador, o homem não pode ser salvo por sua piedade?

Em substituição a uma ética que, fundada na fala, remete o homem à responsabilidade da mentira como pecado sempre possível, Paulo funda uma ética na qual o pecado remete àquilo que, no homem, funda a possibilidade de uma aquisição da inocência: a mortificação da carne. Se a mentira, enquanto ligada à responsabilidade linguageira, nunca pode ser mortificada de uma vez por todas, a carne por sua vez vê-se, por Paulo, mortificada de uma vez por todas, através da crucificação do Cristo. Este inocentamento é dado pelo Cristo àquele que, subtraindo-se ao jugo da antiga lei, adquire "a" liberdade. Uma tal concepção de "a" liberdade se apresenta, ao contrário, sob o ponto de vista da Bíblia, como renúncia à liberdade, que remete ao risco eminentemente humano de interpretar.

Na medida em que a atividade fundamental que consiste em pôr em obra a lei é ato de fala, de interpretação da letra, o judeu é sujeito da fala, que tem que se autorizar a interpretar a palavra revelada. Fazendo isso, ele será o primeiro da longa série dos heréticos. Sua heresia consiste em fazer "interpretações insensatas[28]" da Bíblia e em não reconhecer que todas as questões por ele formuladas se tornaram caducas, desde que o mistério da Bíblia perdeu de uma vez por todas seu segredo, já que revelado em toda a clareza no Cristo.

Nessa perspectiva, a noção do obscuro "desígnio" divino no qual a Bíblia situa os indícios da enigmática vontade divina é substituída por Paulo pela noção iluminadora, inteiramente original, de "predestinação", que volta a surgir cinco vezes nas Epístolas (Rom. VIII, 29-30; Cor. I, 2-7; Efes. I, 5-11). Com esta chave, passa a ser possível reler a Bíblia, despojando-a de fato do caráter insondável da vontade divina.

Com efeito, embora evoque (Rom. VIII, 11-33) os decretos "insondáveis" e as vias incompreensíveis de Deus, ele propõe ao mesmo tempo uma interpretação através da qual a vontade divina perde na verdade todo o seu mistério para tornar-se inteiramente compreensível. A pedra angular dessa nova interpretação repousa sobre a analogia que ele propõe entre

---

[28] P. Legendre, "Expertise d'un texte", in *La Psychanalyse est-elle une histoire juive?*, Paris, Seuil, 1981.

sua concepção da carne do homem e aquela de "Israel segundo a carne".

Por essa analogia, ele vai alçar e transpor um conflito psicológico entre a carne e o espírito para um conflito escatológico entre o destino "de Israel segundo a carne" e o "de Israel segundo o espírito". Por essa analogia, que será uma das origens fundamentais do anti-semitismo, "Israel segundo a carne" (isto é, o povo judeu) será cortado de Deus pai, segundo o movimento mesmo pelo qual todo homem, no nível da sua carne, está cortado de Deus e votado por esse fato à decadência e, com a *Shoah*, ao estatuto de dejeto.

Assim, quando Freud funda o anti-semitismo no desvelamento operado por Paulo de um parricídio originário real, fonte de culpa superegóica, propomos, ao contrário, fundar as três faces do anti-semitismo nas conseqüências do velamento instaurado pelas Epístolas de Paulo: é no *velamento da eficácia metafórica da lei e do preço a pagar* (o temor de Deus), para que a eficácia do significante possa produzir um ponto de estofo entre sujeito significante e significado, que situamos a verdadeira fonte teológica do antijudaísmo.

O fato de que a criação desse ponto de estofo seja, segundo Lacan, a origem do temor[29] que se apossa do homem bíblico diante de seu criador testemunha que esse temor *não é efeito de uma culpa causada por um assassinato real, mas efeito da assunção da dívida simbólica do homem para com a metáfora linguageira.*

---

[29] J. Lacan, *Séminaire, Les psychoses*, Paris, Seuil, 1981, p. 304.

Esse temor não cessa, a nosso ver, de ser relembrado aos cristãos por essa questão persecutória que recebem dos dez mandamentos: "Estás certo, por tua fé num filho redentor, de estar dispensado do preço a pagar para ser legitimamente filho da fala?".

O ódio anti-semita não deve ser compreendido, a partir daí, como o preço pago pelo cristão, para escapar a essa questão? Por um lado, ele é levado a assumir essa questão, pois como sujeito do inconsciente ele sabe que ela faz soar a justeza da dívida simbólica, mas, por outro lado, no nível do seu Eu [*Moi*], ele não pode assumi-la sem logo reencontrar uma dúvida radical quanto ao triunfo do filho redentor que lhe propõe ser exonerado dessa dívida simbólica.

Assim, ele é votado a recalcar ou negar essa questão. Mas logo que o faz é presa de culpa, pois é impossível ao Eu [*Moi*] negar *impunemente* uma questão à justeza da qual o inconsciente tende a dizer "sim".

É, assim, porque é impossível negar sem culpa essa questão da dívida simbólica que surgiria, a nosso ver, o ódio anti-semita pelo povo judeu que, assumindo não esquecer essa questão, não cessa de lembrar àquele que quer esquecê-la que, fazendo isso, ele tem vergonha de agir contra seu próprio desejo inconsciente.

III

A PULSÃO INVOCANTE E O MAL-ESTAR NA CIVILIZAÇÃO

FREUD ENTRE ANANKÊ, LOGOS, EROS E TANATOS

A hipótese do assassinato real de Moisés, na medida em que remete ao assassinato pré-histórico da horda, não deixa de ter conseqüências para a concepção freudiana do fim de análise. A concepção desse fim como queda das ilusões transferenciais encontra, com efeito, um obstáculo na noção do assassinato primitivo, pois este assassinato, que não é uma fantasia edipiana mas um ato real, induziu o retorno no real de um pai fantasmático que nada tem de ilusório. Enquanto a ilusão de um pai imaginário idolatrado como consolador pode cair com a análise, a relação com o pai fantasmático, não ilusória, não cai. A partir daí, o que se pode esperar, segundo Freud, do fim de uma análise? Uma espécie de *gentleman agreement* entre o analisando e o analista, sob a condição de que o analisando aceite assumir uma contradição: renunciar, por um lado, à consolação infantil que tirava da crença num pai imaginário todo-poderoso, mas por outro lado não denunciar a existência da culpa para com o pai morto vivo que assombra o real.

Essa contradição nos indica de saída a posição paradoxal de Freud quanto a essa conquista que é, para ele, o ateísmo:

por um lado ele não tem que crer no pai, mas, por outro, devido à persistência inexpiável da culpa, é impossível não crer nele. Nesse sentido, não é espantoso que Freud seja levado, a propósito da piedade judaica, a interpretar o fato de que o sentimento de culpa talvez tenha tido por função lutar contra o ateísmo? "O povo... não se deixava invadir pela incerteza: seu sentimento de culpa crescente *abafava a dúvida da existência de Deus*[1]".

Parece que Freud não se satisfez com essa contradição: os escritos que nos deixou testemunham que seu ateísmo não havia atingido o nível de serenidade deste judeu ateu que ele tanto admirava, Spinoza. Quando escreve em 1927 a Lou Andreas-Salomé dizendo que se maravilha pelo fato de que ela ainda possa se alegrar com o sol, pois, para ele, instalaramse o mau-humor da velhice, o desencanto, o frio interior, como devemos compreender o fato de ele associar esse desencantamento a sua luta permanente contra as ilusões? Por que essa desilusão deveria, com efeito, conduzir a esse pessimismo que o impedia de se alegrar com a existência e requeria dele essa posição estóica que o levava a "suportar a vida como se ela fosse um fardo"?

Haverá, na concepção que Freud tem da realidade, algo que possa dar conta de sua dificuldade em apreender o amor da instantaneidade dionisíaca que são por exemplo, para Heráclito, a luminosidade e o calor do sol[2]? Freud nos dá três pistas para abordar aquilo que para ele estrutura a realidade. A primeira pista é a de uma concepção da realidade que se quer,

---

[1] Freud, *Moïse et le monothéisme*, op. cit., p. 97.

[2] Heráclito, fragmento 7: "O sol é novo a cada dia pois participa do poder de Dionísio".

em nome da racionalidade das Luzes, científica. A segunda é a de uma realidade tecida pelo par *Anankê-Logos*; a terceira, igualmente patrocinada por duas divindades gregas, é a de uma realidade estruturada por Eros e Tanatos.

Se Freud fizesse a ligação entre esses dois últimos pares, ligando Tanatos à necessidade e Eros ao *Logos*, talvez se houvesse aproximado da teoria lacaniana do significante do Nome do pai, que é esse significante primordial pelo qual o *logos* se enxerta no humano, dele cobrando antecipadamente uma parte do imposto a pagar que é a morte. O fato é que, se ele é levado a reconhecer a instância do pai simbólico, é por intermédio desses dois pares de divindades dos quais assume o patrocínio. Por que essa assunção deve se fazer para ele sob o modo estóico que evocamos? Essa questão exige que examinemos o estatuto que ele atribui à *Anankê*.

É na maneira como se identifica com Leonardo da Vinci que compreendemos por que a relação de Freud com a necessidade é uma relação de resignação. Uma das teses de Freud sobre Leonardo é que este último, contrariamente a Fausto, que trocou o saber pelo amor, teria sacrificado o amor para dar livre curso a sua curiosidade apaixonada pelo saber.

Freud nos revela aí um de seus segredos: sua identificação com Leonardo nos ensina que sua própria inclinação apaixonada pelo saber teria requerido o sacrifício do amor. Um tal corte dualista entre o afeto e o intelecto está relacionado, a nosso ver, com o corte estabelecido entre *Anankê* e *Logos*: dissociando *Anankê*, necessidade impessoal, dessa força individualizante que é o *logos*, Freud se situa fora da possibilidade de considerar que a articulação entre uma e outra dessas forças introduziria à noção de uma necessidade ligada ao próprio poder do *logos*. Se houvesse concebido uma tal ligação, essa necessidade poderia ter aparecido a ele como conjugando o caráter impessoal implacável da lei (poder detido pelo *logos* de transmitir o *par-l'être**) e o afeto de amor, mas também a descoberta da "função da liberdade[3]".

Assim, é porque *Anankê* está dissociada do *logos* que a necessidade, privada do recurso criador da palavra, torna-se, contrariamente à necessidade de Spinoza ou de Nietzsche, uma necessidade carregada de significação superegóica. O caráter desencantado da resignação de Freud assume todo seu sentido se nos detivermos na maneira como, para sustentar seu ateísmo militante, ele afirma abertamente que não quer nenhuma consolação do pai grandioso da religião. Pois o real a que remete o termo "consolação" talvez não seja assim tão unívoco, semanticamente, como dá a entender Freud. Quando ele evoca, com esse termo, o caráter regressivo, infantil daquele que, para dar sentido a sua existência, pede socorro ao pai onipotente da infância, ele se alinha com o ateísmo do Século XVIII que aprendeu a repudiar a dimensão idólatra e supersticiosa do pai divino. Mas o caráter sumário desse ateísmo permite formular a questão de um ateísmo inteiramente outro, tocante não ao pai imaginário mas ao pai simbólico?

Nesse sentido, a afirmação de *Anankê* não seria o que transgride um ateísmo implicando a própria recusa do sentido adquirido pelo destino tão logo é batizada como "necessidade"? Quando Lacan propõe dar ao ateísmo uma forma mais radical do que a das Luzes, formulando que o Outro é furado,

---

* "Pelo-ser", em tradução literal. Alusão ao termo *parlêtre*, criado por Lacan a partir de *parler*, "falar", e *être*, "ser", para referir-se ao ser falante. (NT)

[3] J. Lacan, *Séminaire XI. Les quatre concepts fondamentaux de la psychanalyse*, Paris, Seuil, 1973, p. 227.

inconsciente, que existe, em suma, um furo na necessidade, ele se furta a toda resignação afirmando que é precisamente por existir um furo na necessidade significante – o *trou-matisme* – que o homem dispõe deste incrível poder de provar *que ele não está só*: é no ponto onde *logos* falta, deixando o eu [*moi*] radicalmente só, que o sujeito do inconsciente pode, precisamente, demonstrar que não está ausente nem só; ele pode articular um significante que, por um lado, leva-o à existência e, por outro lado, detém o poder paradoxal de invocar uma alteridade – não aquela que não está mais ali, mas aquela que ainda está ali.

Nesse ponto, chegamos ao lugar mais íntimo da contradição observável no pensamento de Freud. Quando ouvimos, no seu percurso teórico consciente, desde que se trata de pensar a questão do pai, a produção de um discurso que, para justificar seu ateísmo, anuncia que ele está estoicamente só, voluntariamente desencantado pelo fato de haver renunciado a invocar uma alteridade consoladora, podemos observar, no trabalho inconsciente que o leva a inventar o inconsciente, um percurso onde se afirma, não uma demanda, mas a invocação de uma alteridade empurrando-o no sentido de descobrir este "*Alter*" absoluto que é o inconsciente.

Para destacar a dimensão dessa invocação, cito o longo comentário pelo qual Lacan, a propósito da produção do significante "trimetilamina", tirado do sonho de Irma, situa essa dimensão da invocação em Freud[4]:

"Tal qual um oráculo, a fórmula não fornece resposta alguma ao que quer que seja. Mas a própria maneira pela qual

[4] J. Lacan, *Séminaire II*, Paris, Seuil, 1978, cap. 13.

ela se enuncia, seu caráter enigmático, é justamente a resposta à questão do sentido do sonho. Pode-se calcá-la na fórmula islâmica – *Não há outro Deus senão Deus.* Não há outra palavra, outra solução ao problema de vocês, senão a palavra...

Uma outra voz toma a palavra... Poderíamos chamar de Nemo este sujeito fora do sujeito que toda a estrutura do sonho designa... Não há outra palavra do sonho senão a própria natureza do simbólico...

Esta palavra não quer dizer nada, senão que ela é uma *palavra*... Seria uma palavra delirante se o sujeito *inteiramente só* tentasse encontrar ali, à maneira como poderia proceder um ocultista, a designação secreta do ponto onde está, com efeito, a solução do mistério do sujeito e do mundo. Mas ele *não está inteiramente só.*

Freud, quando nos comunica o segredo desse mistério luciferiano, *não está só* confrontado a este sonho. Assim como, numa análise, o sonho se dirige ao analista, Freud, no sonho, *já se dirige a nós.*

E é por isso que essa última palavra absurda do sonho não é um delírio, já que Freud, por intermédio deste sonho, se faz ouvir por nós...

Não se trata simplesmente, para ele, de encontrar o Nemo que representa seu inconsciente. Ao contrário, é ele quem fala e que percebe que nos diz, sem ter querido, sem ter reconhecido de imediato... algo que ao mesmo tempo é ele e não o é mais...".

Algumas linhas mais adiante, Lacan utiliza certas expressões que imputam a Freud uma certa relação com o sentimento oceânico: "Eu sou aquele que será perdoado por ter ousado começar a curar esses doentes que, até agora, não se queria compreender. Sou aquele que não quer ser culpado por isso, pois se é sempre culpado quando se transgride um limite até então imposto à atividade humana... Sou aí apenas o representante deste vasto movimento que é a busca da verdade onde *eu me apago*, eu não sou mais nada... Na medida em que a desejei demais, em que participei dessa ação, em que quis ser eu, o criador, não sou o criador. O *criador é alguém maior que eu. É meu inconsciente, é esta fala* que fala em mim para além de mim".

Defino a sublimação como o ato simbólico pelo qual o sujeito Freud, confrontado com o real inominável da garganta de Irma, real absoluto diante do qual o *logos* parece ter perdido seus direitos, descobre que, de fato, ele não perdeu todos os seus direitos: a manifestação do significante "trimetilamina" exprime que, quando tudo está perdido, o sujeito produz, em resposta a essa coisa inominável, a esse *quod*, uma resposta absoluta pela qual uma última palavra, comparável a um chiste, se produz, transcendendo o significado. É no achado de um tal significante que mata todos os sentidos[5] que se pode observar a função da liberdade inconsciente: ponto de indeterminação onde o sujeito não mais obedece a uma determinação causal.

Proponho compreender a produção do significante "trimetilamina" como ato de afirmação primordial – *Bejahung* – na qual o sujeito faz a aposta de uma afirmação de existência. Essa aposta implica um desejo X, particular, que introduz a seguinte esperança: lá onde o *logos* desvanece, o sujeito pode *crer* que um ser pode *dizer* alguma coisa. Aí está a definição mais concisa que Lacan dá do amor não ilusório: acreditar *nisso* e não acreditá-*la*, que é a definição da alienação religiosa

[5] J. Lacan, *Séminaire XI*, op. cit., p. 227.

ou psicótica (o alucinado crê nas *suas* alucinações, o apaixonado amoroso crê *na* mulher, o fanático religioso crê em *seu* Deus).

É assim, nessa possibilidade que tem Freud de se dirigir a nós, psicanalistas – que ainda não estamos ali no momento em que ele sonha –, que observamos a entrada em jogo da pulsão invocante. Não se trata de uma demanda dirigida a um outro que estivesse ali, e sim de uma invocação supondo que uma alteridade pudesse advir. O fato de que hoje nós, psicanalistas, estejamos ali para receber a mensagem de Freud nos diz que a invocação de Freud em nossa direção, nós que não estávamos ali, foi suficientemente poderosa para que um dia ali estivéssemos.

A partir daí, diremos que, por certas razões a se elucidar, Freud, na sua teoria, ressalta o caráter deontológico da necessidade significante, omitindo assumir o que Ricoeur chama o caráter teleológico do significante[6]. Quando Freud anuncia que a única consolação que lhe é permitida pelo supereu social é a curiosidade intelectual, ele destaca a consolação dada pelo significante ao qual pode aceder o saber, recalcando a consolação dionisíaca outorgada pela significância à qual, no entanto, ele acede inconscientemente quando, no instante de absoluta solidão em que o deixa o *trou-matisme*, o espírito das palavras se dá a ele para ser por ele traduzido num chiste: "trimetilamina", a partir do qual ele nos invoca.

Que uma tal doação significante seja possível implica o reconhecimento, pelo sujeito Freud, de que ele seja falado antes que fale: que a produção de sua fala seja reconhecida como sucedendo a um significante que a precede.

---

[6] P. Ricoeur, *De l'interprétation. Essai sur Freud*, Paris, Seuil, 1965.

O PAI DESVANECIDO

A Chawki Azouri[7]

Ora, é no nível da transmissão daquilo que precede àquilo que sucede que Freud tropeça: se a necessidade significante que é *Anankê* é impessoal, é que ela não é o lugar dessa metáfora paterna, de onde se induz este filho da linguagem que é o sujeito do inconsciente. Ela só pode ser este lugar pois, para Freud, cativo de sua teoria do Édipo e da horda primitiva, são os filhos que revelam o pai: o crime deles é, para ele, um ato civilizador heróico pelo qual a significação paterna advém no só-depois.

Essa explicação da geração do pai primitivo pelos filhos repousa na ocultação de um enigma: se houve filhos capazes de se revoltarem contra um pai, o que se passou para *que eles soubessem* que eram filhos de um pai? Na medida em que esses filhos não eram esquizofrênicos, podemos supor que não houve, para eles, foraclusão paterna e que o significante do Nome do Pai lhes havia sido transmitido de outro modo que não o só-depois de um crime. O silêncio de Freud sobre essa transmissão originária é eloqüente: o fato de que o pai seja o fruto do reconhecimento pelo filho vela radicalmente a dimensão pela qual o pai, como predecessor do filho, tem de ser o produtor de uma metáfora indutora da filiação simbólica.

Freud faz duplamente silêncio sobre esse processo metafórico: por um lado, ele o esvazia, não dizendo nada; por outro lado, ele o esvazia tratando a dimensão inconsciente dessa metáfora como um fator explicativo. É assim, quando desvela

---

[7] Chawki Azouri, *J'ai réussi là où le paranoïaque échoue*, Paris, Denoël, 1991.

a presença do pai por trás de um totem sagrado ou de uma fobia infantil, quando assimila esse desvelamento a uma explicação, omitindo desse modo que este desvelamento não explica absolutamente nada, mas questiona: o significante do Nome do Pai remete, com efeito, a um não-sabido radical.

Substituindo o fato de que o filho tem que advir como reconhecido por um pai que o precede pelo fato de que é o filho que tem que reconhecer o pai, Freud confere a este pai uma posição eminentemente frágil: bastará que o filho cesse de ser reconhecedor para que o pai, a partir de então, se veja em posição de desvanecimento. O fato de que tais desvanecimentos tenham pontuado a vida de Freud quando seus discípulos não mais o reconheciam são, para nós, eloqüentes[8].

O pai desvanecido é constante em Freud: silêncio sobre Laio, o pai de Édipo, que no entanto era depositário de uma falta grave, pois que esta foi a causa da maldição lançada sobre seu filho.

Silêncio sobre o pai de Schreber, que Freud isenta de todas as responsabilidades na loucura de seu filho. Silêncio, enfim, sobre os ascendentes de Moisés, que não tem nenhum laço de filiação com os patriarcas Abraão, Isaac e Jacó.

O que, no trabalho teórico de Freud, se desvanece concerne apenas à função simbólica do pai que, como predecessor, ainda não é um pai rival. Em contrapartida, o pai edipiano, de quem se pode dizer que é o pai rival, *contemporâneo* do filho edipiano, este é onipresente em Freud.

Mas as coisas jamais são fixas para ele. Se, sob numerosos aspectos, observamos nele um dualismo que, tendendo a extraí-lo, por um lado, à dimensão metafórica da Lei e a expô-

---

[8] Chawki Azouri, *J'ai réussi là où le paranoïaque échoue*, op. cit., pp. 140, 145-211.

lo, por outro, a sua vertente superegóica, submetia-o a uma resignação sem alegria, por outros textos ele se apresenta a nós de maneira inteiramente outra.

Enquanto o Moisés de 1939 é essa figura do pai fantasma portador, para o povo parricida, desta injunção: "Tu que me assassinaste, meu fantasma acusador jamais te permitirá esquecer teu ato", o Moisés que Freud conhece pessoalmente através do estatuto de Miguel Ângelo não é injuntivo, e sim interrogativo.

Ele não é presença de um morto vivo, pois encarna a presença de um vivo – para a Morte – em que Freud reconhece uma "tranqüila sublimidade". Essa tranqüilidade é a essência mesma do que não poderia ser transmitido por um fantasma que, errando aqui embaixo no real, encarna o sofrimento a que é reduzido o Nome do Pai quando ele não acedeu – devido à ausência de ritos funerários – à pátria celeste.

Por que Freud permanece horas a contemplar esse Moisés sublime, cuja tranqüilidade o inquieta? Moisés não irá se levantar de súbito para deixar explodir sua cólera diante dos ímpios, com os quais Freud se identifica, pois que ele se pergunta se o olhar de Moisés não lhe sinaliza que ele também faz parte da "ralé" de idólatras incapazes de fidelidade e de piedade?

Será por masoquismo neurótico que Freud, apoiando-se na sua culpa edipiana, se identifica assim à ralé? Não, trata-se aí de algo inteiramente diverso da culpa real para com o fantasma do pai: trata-se de uma culpa de uma ordem completamente outra, da qual diria que é essa culpa simbólica através da qual se exprimem o temor e o tremor do profeta ao encontrar a questão da metáfora. O fato de ser por intermédio do Moisés de Miguel Ângelo que Freud encontra a função metafórica do significante do Nome do Pai nos diz da sua proximidade com a análise kantiana do sentimento de aniquilação diante do sublime. Freud, pois, não deixava de conhecer, e de reconhecer, nele, essa dimensão do espírito que, em linguagem kantiana, é isso pelo que o incomensurável rompe os limites pelos quais o imaginário mede o comensurável.

Que Freud tenha sido acessível – ao contrário do que escrevia a Romain Rolland – a essa dimensão pela qual o infinitamente grande transmitiria o temor respeitoso da Lei da Metáfora testemunha que, para além daquilo que ele afirmava teoricamente, ele também sabia que seu temor respeitoso suscitado pelo Espírito do grande Moisés não dissociava Moisés, o legislador, do Moisés inspirado.

A EXPERIÊNCIA MAIS PRÓXIMA DO INCONSCIENTE

Damo-nos conta do que é a coisa que nos impulsiona a ser vivente? Somos capazes de pensar o que é essa coisa que, incessantemente, nos empurra a cada segundo de nossa existência para ir mais longe, ir alhures?

Se é quase inconcebível avaliar a existência desse empuxo, é porque existe em mim a mediação de um outro movimento que tende a velar esse empuxo primordial em direção a um para-além, na medida em que ele me dirige para o que está "lá", dizendo-me: "lá está o objeto de teu desejo".

Efetivamente, o que está "lá" é desejável com tal evidência que seria preciso que eu fosse louco para questionar o curso que me arrasta rumo ao objeto desejável, perguntando-me: "Mas por que eu correria assim?". A eficácia de minha corrida não se liga, precisamente, ao fato mesmo de que ela não seja posta em questão? O corredor que sou poderia continuar a correr atrás das honras, das mulheres, ou atrás da bola de futebol, se fosse tomado por este: "Por quê?".

Não, ele não poderia: esta pergunta é, por excelência, aquela que não me deve ser formulada pois, supondo-se que eu esteja correndo atrás de uma bola de futebol, e ela o fosse, a indecisão cômica que se seguiria iria cortar, imediatamente, a eficácia da corrida que me faz correr e o árbitro do jogo logo me pediria, e com razão, para sair de campo.

Entretanto, não é porque não *a* formulo que a questão desse "por quê?" deixa de *se* formular: ela me adverte de que o empuxo que me faz correr em direção a um "alhures" excede infinitamente o caráter limitado do movimento que é orientado pelo movimento de uma bola.

Decerto, aquela bola está ali, bem visível, diante de mim, orientando-me: então não sei, sem a menor dúvida, graças a ela, em que direção devo ir sem erro? Dizendo-me: "Tu és aquele que corre atrás de mim", este objeto me diz, se por exemplo acontecer que ele seja feminino: "Já que corres atrás de mim, logo és um homem".

Por que a consistência dessa identificação se desmancha tão logo ressurge este "por quê"? Porque essa questão vem me lembrar de que minha identificação à imagem do homem viril estava a ponto de me fazer esquecer que o mais real de meu ser se recusava a ser assumido pela determinação limitada de uma imagem. Não seria essa recusa de ser identificado como homem determinado por um objeto, fosse ele multiplicável até "*mille e tre*", que levava finalmente Don Juan a querer encontrar, para além do objeto feminino, o significante do Comendador?

Como se fosse ao descobrir que não era pela busca ilimitada de mulheres que ele podia responder pelo apelo ilimitado que existia nele que Don Juan se desviava do objeto voltando-se, afinal, para o significante.

Nessa reversão pela qual o caminho de Don Juan se vê dessexualizado, a pulsão de morte que o guia é posta a serviço preciso da morte e é nisso que essa reversão não é aquela operada pela pulsão invocante: o próprio de uma tal pulsão é desviar a pulsão de morte de seu caráter mortífero para pô-la a serviço desse poder ilimitado pelo qual o espírito aniquila o que já está lá para promover uma significância que ainda não está lá e que será levada à existência como o "ponto azul" de que falamos.

A existência desse ponto virtual que, para além da fantasia, guiará a pulsão que pode impulsionar o homem que dança ou o homem que canta a invocar implica abordar uma questão que, como observa Lacan, jamais foi abordada, a saber, a relação possível do sujeito com este originário que é a pulsão: "Como o sujeito que atravessou a fantasia radical pode viver a pulsão? O que se torna aquele que passou pela experiência dessa relação opaca com a origem? Isso está para além da análise e jamais foi abordado[9]...".

A nosso ver, se a experiência analítica pode conduzir, em certos casos, a viver essa relação com o pulsional, é na medida em que a experiência linguageira, posta em movimento pela análise, permitiria reatar com essa pulsão invocante que, como nota Lacan[10], "é a mais próxima da experiência do inconsciente".

---

[9] J. Lacan, *Séminaire XI. Les quatre concepts fondamentaux de la psychanalyse*, op. cit., pp. 245-246.

[10] Ibid., p. 96.

Essa emergência remete, com efeito, ao tempo mítico da aparição dessa vocação humana pela qual a voz materna, pelo próprio fato de falar a esse recém-chegado que é o *infans*, faz com que se produza um enxerto originário de significante sobre um real que estava até então à espera de ser humanizado. Se este tempo de começo absoluto[11], pelo qual o que não existia põe-se a existir como "coisa humana", não deteve Freud, foi porque a chama significante originária que, um dia, ilumina o real humano levando-o à existência outorga a esse real uma consistência que não lhe é outorgada por um objeto sexual: nesse tempo originário, o objeto sexual não existe ainda. Ele só advirá, com efeito, ulteriormente, quando a significação sexual, com o recalque originário, for adquirida.

Nesse ponto de precedência do recalque originário, herdamos de uma concepção genética, com Freud, ou de uma concepção estruturalista que conduz Lacan a formular que o inconsciente é estruturado como uma linguagem, na medida em que a causa material do sujeito do inconsciente não seria o objeto sexual, mas o significante[12] ou a letra.

A partir daí, vamos fazer a hipótese de que, se Freud só reconheceu a existência de três tipos de pulsões sexuais, orientadas cada uma em direção a um objeto parcial específico (o seio, o excremento, o olhar), foi porque ele não podia introduzir na sua teoria a hipótese de uma pulsão cujo objeto não fosse um objeto sexual parcial: ao seio, ao excremento e ao olhar opõe-se, de fato, o objeto voz, que não é um objeto parcial tendente a despedaçar o corpo, pois é um objeto subjetivador, na medida em que por intermédio da sua musicali-

---

[11] J. Lacan, *Séminaire VII. L'éthique de la psychanalyse*, Paris, Seuil, 1986, p. 253.

[12] J. Lacan, *Séminaire XX. Encore*, Paris, Seuil, 1975, p. 27.

dade ele é o meio pelo qual se transmite a linguagem a esse recém-chegado que é o *infans*. Para que o enxerto de linguagem pegue, é preciso que haja na voz materna algo de bastante singular para que o *infans*, enquanto passível de se tornar falante, não se torne, como o autista, impassível em relação à fala.

Esse possível fechamento do *infans* com relação à voz que se dirige a ele nos adverte, de saída, de que ele é um ato de um sujeito que não quer mais o que lhe é dado a ouvir e não o ato de um esfíncter contrátil já que, contrariamente à boca, ao ânus e à pupila, o conduto auditivo não pode se fechar; o fato de que seja possível um fechamento em relação à voz exterior nos faz, portanto, supor a contratilidade atuante de um terceiro ouvido capaz de dizer sim ou não à voz.

Quando o ouvido se fecha à voz, o sentido do ato de fechamento não é o mesmo conforme incida sobre *o que* diz a voz – o sentido das palavras – ou sobre o real *da* música da voz: no primeiro caso vamos falar de recalque pelo eu [*moi*], no segundo, de foraclusão do sujeito.

Assim, o dispositivo que torna possível a pulsão invocante comporta três elementos: um emissor – a laringe –, um receptor – o conduto auditivo – e, entre os dois, um lugar terceiro, que chamamos por ora de terceiro ouvido. Nisso, o dispositivo se opõe radicalmente à estrutura narcísica, fechada em si mesma, da pulsão parcial que é agenciada em torno de um só e mesmo esfíncter, ao mesmo tempo emissor e receptor: a imagem da boca beijando a si mesma simboliza perfeitamente essa realização sexual narcísica a que pode pretender a pulsão oral.

Às pulsões parciais organizadoras de fantasias sexuais vamos opor uma pulsão invocante mais primordial, na medida em que ela põe em cena um processo não-sexual pelo qual uma voz – a da mãe – que se dirige a partir de uma exterioridade absoluta a um sujeito suposto cessa, em dado momento, de ser causa exterior para tornar-se causa íntima de um sujeito que, criado *ex nihilo*, é levado a descobrir a finalidade de sua vocação: fazer ouvir sua própria voz no concerto do mundo.

Se houvesse mais que uma analogia entre os quatro pontos da pulsão de Freud e as quatro causas de Aristóteles, isso não deixaria de ter conseqüências para se repensar a ética analítica: se, com efeito, a fonte da pulsão corresponde a sua causa material, seu impulso a sua causa eficiente, seu objeto a sua causa formal e seu alvo a sua causa final, a psicanálise estaria em posição – devido à nodulação operada pela pulsão invocante entre esses quatro pontos – de pensar uma renodulação possível do que está desnodulado na nossa modernidade, desde que a ciência só pôde deslanchar desligando-se radicalmente de toda causa final.

O paradoxo da vizinhança entre a ciência e a psicanálise é que, por um lado, a psicanálise avança, como a ciência, renunciando à causa final como ilusão, mas por outro lado ela tem que reintroduzir o que a ciência tende a foracluir, a saber, o sujeito do inconsciente que, se não é demonstrável pela ciência, nem por isso é ilusório.

Quando, por exemplo, o progresso de uma análise conduz um analisando a renunciar à visão ilusória de um mundo harmonioso, onde tudo correria bem, porque uma renegação da castração o levava a não reconhecer a desarmonia sexual, pode-se dizer que este progresso é comparável àquele realizado por Copérnico demonstrando que os planetas não giravam em círculos, mas em elipse. Num e noutro caso, o progresso consiste em renunciar a estruturar o mundo de tal sorte que ele seja conforme a uma finalidade preexistente. O fato de que os gregos jamais tenham conseguido – apesar da existência de observações que contradiziam sua concepção – superar a concepção circular do movimento planetário nos mostra a que ponto o apego a uma causa final (os planetas giram em círculo porque a circularidade é um modelo de perfeição divina) pode conduzir a desmentir o que é mostrado pela experiência.

Por sua renúncia à noção de causa final, a psicanálise faz causa comum com a ciência, mas dela se separa, no entanto, no ponto preciso em que "na sua relação com a verdade como causa a ciência não quer saber de nada[13]". Se, para Lacan, "a incidência da verdade como causa para a ciência deve ser reconhecida sob a forma da causa formal[14]", essa incidência da verdade científica, para um biólogo como Leibowitz[15], está situada do lado da causa eficiente. Essa divergência de apreciação está ligada ao fato de que um situa a ciência pelo lado de uma ênfase dada à universalidade da lei que foraclui a singularidade do sujeito, enquanto o outro situa a ciência como interpretação daquilo que é por aquilo que precede: logo, de foraclusão do futuro como lugar de finalidade do sujeito. Mas, num e noutro caso, há realmente foraclusão, pela ciência, do lugar de causação do sujeito.

Esse lugar de causação tem três faces, correspondentes às três direções em que pode se engajar um artista: o inaudito – que corresponde à ascendência do Real sobre o Simbólico – é esse lugar produzido pela música que tende a dar ao sujeito a pátria da sonoridade; o invisível – que corresponde à ascendência do Simbólico sobre o Imaginário – é este lugar trans-

---

[13] J. Lacan, *Les Écrits*, op. cit., p. 874.

[14] Ibid., p. 875.

[15] Y. Leibowitz, *Sciences et Valeurs*, Paris, trad. franc. de G. Haddad, Desclée de Brouwer, 1997.

mitido pelo pintor, onde a imagem como furada pode dar lugar ao sujeito, e o imaterial – que corresponde à interseção Imaginário sobre Real – é este lugar onde, por um gesto que imaterializa a matéria corporal, o dançarino indica esse terceiro lugar que é o movimento, onde o sujeito pode estar em casa.

Esses três gestos fundamentais, pelos quais o artista desde sempre tendeu a fazer existir o inaudito, o invisível e o imaterial, adquirem a nosso ver uma significação particular na nossa modernidade, pois a responsabilidade do artista moderno será reintroduzir essas três dimensões que o pensamento científico e técnico tende a expulsar da vida quotidiana.

A partir daí, a dificuldade diante da qual estamos é a seguinte: se a análise, como a ciência, ensina o analisando a não mais interpretar segundo o sentido de uma finalidade ilusória, isso significaria que no fim de uma análise o sujeito deveria estar numa posição subjetiva comparável àquela de Freud, a saber, a de um sujeito que, porque desiludido, seria levado a essa posição pessimista que fazia Freud dizer que a vida era um fardo?

ABSTINÊNCIA SEXUAL E ABSTINÊNCIA DE SIGNIFICÂNCIA

A psicanálise tem que assumir a questão desse pessimismo: será ele o efeito da ação própria da análise, na medida em que ela deixa um sujeito desiludido, não podendo mais dar expressão significante a seu desejo? Ou esse pessimismo seria a expressão mesma da maneira como Freud vivia ele próprio o mal-estar na civilização?

Se estou inclinado a interpretar o pessimismo de Freud como a expressão mesma de seu mal-estar na civilização, e não como a expressão do mal-estar que teria induzido nele a perda de toda ilusão, é porque o fato de ser desiludido não implica, no entanto, um luto da significância, votando ao pessimismo. Nesse sentido, vou interpretar o pessimismo de Freud como efeito de um certo desconhecimento relativamente à ciência e à criação artística: levando-o a superestimar a primeira e a subestimar a segunda, esse desconhecimento não lhe permitiu observar o que está verdadeiramente em jogo no mal-estar na civilização e compreender que o ato artístico não era, como ele pensava, reservado a uma elite mínima que, por razões absolutamente misteriosas, deteria um dom suficientemente incompreensível para que Freud evocasse, a esse respeito, ou bem o enigma do gênio criador, ou bem um fator constitucional escapando a toda compreensão.

Por que é tão fundamental para Freud interpretar o mal-estar de nossa civilização como efeito da repressão sexual exigida pelas imposições civilizadoras? Acredita ele realmente, ao sustentar essa tese, na idéia implícita segundo a qual a satisfação sexual poderia ser aquilo através do qual o homem poderia obter esse bem-estar de que teria necessidade para estar "à vontade na civilização"? O fato é que com esta tese Freud isenta, por assim dizer, a ciência da responsabilidade no mal-estar moderno.

Uma das maneiras pelas quais hoje podemos definir o mal-estar de nossa civilização está ligada ao fato de que a nova maneira como se encarna a ameaça para o *logos* tem a ver com os efeitos planetários da difusão de um saber de ordem científica, saber anônimo, saber sem sujeito, traduzindo-se pela onipotência de um olhar lançado sobre o homem. Somos olhados de todas as partes: do exterior, pelo olho longínquo dos satélites e, mais perto de nós, pelo olho televisivo introduzindo na interioridade das habitações privadas a dimensão de um saber anônimo.

Quanto a nossa interioridade física, ela está doravante sob o olhar das múltiplas sondas endoscópicas que perscrutam o interior de nossas cavidades corporais até fazer decair o mistério dos mistérios que era o da nossa concepção: que efeito pode ter sobre o inconsciente humano o fato de saber que há um saber observando o encontro entre o espermatozóide e o óvulo?

Este olho anônimo científico, substituindo o olho divino, não mais introduz à culpa, mas a um perigo mais radical: o da aniquilação pura e simples do sujeito do inconsciente que, com efeito, só pode existir como inconsciente, à revelia de todo saber exterior. Ao olho de Deus, devastador pela culpa que induz, se opõe o olho científico que não julga: contenta-se em saber de modo absoluto.

A diferença entre esses dois olhares é que o primeiro leva ao recalque, causa de neurose, enquanto o segundo leva, antes, a uma foraclusão do sujeito que, perdendo seu incógnito, perde sua relação com o que institui esse incógnito, a saber: o dizer.

O sujeito que se presta a ser, não visto, mas olhado, não mais pode se prestar à fala constituinte: ele pode, no máximo, prestar-se a uma fala constituída por uma sociedade de espetáculo na qual é esperado como especular: como Eu [*Moi*] e não mais como sujeito. Se não se dá em espetáculo, ele é posto em posição de ser um espectador que, com seu olho, contempla a cena de um mundo de onde está excluído como agente, já que seu olhar lhe atribui a função de espectador.

Uma das expressões do mal-estar ligadas à sociedade de espetáculo se exprime, desde os anos 20, pelo discurso fascista que denuncia um mundo que, sob o choque do materialismo, é progressivamente despojado de espírito.

O que acontece quando a extensão do campo de olhar deixa cada vez menos chance ao campo da fala? Na medida em que a fala é aquilo pelo qual a matéria é sublimada, o empobrecimento da fala se traduz correlativamente pela extensão da noção de matéria. O perigo da percepção invasora do materialismo está nos tipos de soluções que aparecem para lutar contra a matéria. Nosso século viu aparecer o discurso fascista que, em seu ponto de partida, é tentativa de redescoberta da pureza de uma "alma coletiva" ameaçada pela impureza da matéria, seja esta comunista ou capitalista.

Diante da solução dualista do fascismo que, para abater a racionalidade das Luzes, joga a carta da obscuridade romântica, a psicanálise foi, na época, como observava Thomas Mann, o único pensamento a lutar, no nível mesmo do pensamento, contra o fascismo, na medida em que não lançava, como este, o irracional contra o racional, mas o racional com o irracional; entre a clareza da razão e a exigência obscura da pulsão, a psicanálise põe em evidência que existe um ponto terceiro: a fala do sujeito do inconsciente, assumindo as Luzes do Século XVIII e o romantismo do Século XIX.

Sem dúvida, não é por acaso que a psicanálise nasce em nosso século, com a descoberta por Freud do trauma pelo qual o *infans* experimenta, no início de sua vida histórica, o surgimento de um olhar medusante que o reduz à pura materialidade de um corpo petrificado, pois subitamente despojado de toda habitação simbólica.

Se existe, assim, uma relação entre o homem moderno, traumatizado pela onisciência de um saber que olha e o *infans* traumatizado pela dimensão do saber absoluto do olhar, é que o homem, fundamentalmente, é traumatizável e nossa época conjuga, paradoxalmente, a aparição de um progresso emancipador com a de um olhar eminentemente ameaçador para este progresso.

A difusão desse saber absoluto observador tende a expulsar a fala como fundadora: a tagarelagem insípida que nos martela incansavelmente através das mensagens da mídia, cuja eficácia é avaliada pelos critérios estatísticos de seus "índices de audiência", conservaria ainda uma chance de dar a ouvir o que o projeto do sujeito tem de inaudito?

Não: contra a fala anônima das *mass media*, somente o poeta que é o sujeito do inconsciente pode dar a ouvir, embora não tenha patronímico, uma voz que não seja anônima.

Como compreender o sentido da mensagem artística, senão como a tentativa feita pelo homem de lutar contra essa ameaça, restituindo ao homem ameaçado de anonimato pelo saber absoluto a parte incógnita que é seu bem mais íntimo? Ali onde o homem, olhado por todas as partes, se torna transparente, ali onde ele é ouvido por todas as partes pela mídia, pelas estatísticas, pelas pesquisas de opinião, a música vem lembrá-lo de que, contra tudo e todos, o inaudito guarda sua exigência; ali onde os movimentos são calibrados por todas as partes, pelas marchas militares, pela maneira de se mover dos novos ídolos que são os astros populares, o dançarino é aquele que lembra ao homem que habita nele um movimento original, cujo caráter absolutamente inimitável ele tende a esquecer, dada a pregnância das imagens que convocam a imitação em massa.

Assim, somos levados a interpretar o mal-estar de nossa modernidade, não como o efeito de uma abstinência sexual, mas antes como o efeito de uma *abstinência de significância.*

Introduzindo, em 1920, a noção de pulsão de morte e de pulsão de vida, Freud reconhecia as duas faces de uma pulsão que optamos por nomear pulsão invocante: ela está no princípio da vocação humana que impulsiona o homem a outorgar à causa significante material que o levou à existência a significância de uma causa final em direção à qual ele há de tender para advir como *parlêtre*[16], ser de fala.

Nessa perspectiva, "Tanatos" é uma tendência que não consiste apenas nessa tendência à destruição retida por Freud, mas tendência a anular todas as significações já existentes a fim de que possam advir incessantemente novos significantes, que serão assumidos por Eros.

É porque a parte de real que cai na existência a cada nova simbolização é sempre acompanhada por uma parte que decai do simbólico que o par pulsional Eros e Tanatos se dá como a expressão da vocação humana pela qual o homem, confrontado com a persistência indefinida de um real em instância, é invocável como aquele que não deve cessar de levar à existência um real que sempre se esquivará.

Esse impulso a levar à existência um real que sofre por não ser tornado invisível por uma pintura, por não se tornar inaudito e imaterial por uma música e um dançarino, é assumido por aquele a quem chamam artista. Contrariamente à concepção elitista de Freud, que considerava o artista como um ser de exceção cujo gênio, ou estrutura constitucional, era

---

16 Neologismo constituído por Lacan a partir dos termos *parler*, "falar", e *être*, "ser".

um mistério inexplicável, diremos que cada artista só é excepcional porque o sujeito do inconsciente, por sua própria definição, é um sujeito de exceção. E, nesse ponto, unimo-nos a Nietzsche, que reconhecia no homem esse criador em potencial que tem de fazer de sua vida uma obra de arte.

Embora de uma tal concepção da criação Freud se tenha aproximado, com seu "Além do princípio de prazer", devemos reconhecer que se trata ali de uma abordagem fugaz: Freud permanece, com efeito, fundamentalmente apegado à idéia de que a produção artística permanece assujeitada ao princípio de prazer: "O artista, escreve ele em *Introdução à psicanálise*, é um introvertido que beira a neurose. Animado por pulsões e tendências extremamente fortes, ele quereria conquistar honras, poderes, riquezas, glória e o amor das mulheres. Mas faltam-lhe meios de obter satisfação. É por isso que, como todo homem insatisfeito, ele se afasta da realidade e concentra todo seu interesse e também sua libido no desejo criado por sua vida imaginativa...".

Assim, para Freud, a produção artística dá ao artista, como ao amador, a possibilidade de "esquivar-se à prova da realidade", permitindo "alegrias imaginativas que proporcionam consolação", ajudando a suportar nossa "miséria real".

Essa maneira de apreender a arte como um "sedativo", dando-nos essa "ligeira narcose" que nos ajuda, um pouco como a ilusão religiosa, a suportar a dura realidade, situa o artista como aquele que se poria a serviço exclusivo do princípio de prazer. Assim, essa concepção de 1928[17] não leva mais em conta a concepção proposta em 1920, na qual o objetivo

---

[17] S. Freud, *Malaise dans la civilisation*, Paris, PUF, 1971.

da vida não era o princípio do prazer, e sim este "além do princípio do prazer" que é a pulsão de morte.

Na medida em que podemos definir o objetivo da vida como essa causa significante final para a qual tende a pulsão, que é invocante pelo fato de invocar o advento da sublimação, a questão que nos é exposta é a da ligação entre a ciência, a arte e a psicanálise.

Enquanto, para Freud, a psicanálise está assujeitada à ciência, sem sê-lo à arte, para Lacan a psicanálise é "este terceiro que ainda não está classificado... esse algo que está encostado à ciência, por um lado, e que participa da essência da arte pelo Outro[18]. Teremos que avaliar se o estudo da pulsão invocante nos permite aprofundar a maneira pela qual a verdade, como causa material especificando a psicanálise, faz vizinhança, por um lado, com a causa formal da ciência e, por outro, com a causa final visada pela pulsão invocante.

É na medida em que observamos, na música, o suporte originário dessa pulsão que nos é necessário dar conta da seguinte questão: como se deu que Freud, que tanto se deixou ensinar por Sófocles, não tenha sido levado a questionar a razão pela qual a tragédia tinha sido dada aos homens pelo mais estranho dos deuses gregos: Dionísio, deus da música e da dança?

[18] J. Lacan, seminário inédito *Les non-dupes errent*, 9 de abril de 1974.

IV

A VOZ MATERNA

Podemos concluir e dizer, no ponto em que estamos, por que o homem é levado, ainda e sempre, a invocar, num perpétuo deslocamento, um para-além do objeto?

Se este homem é levado, por vezes, a escrever nos muros grafites tão esquisitos como "Esconde-te, objeto", é que certas crises sociais (maio de 68) têm o poder de levá-lo a não mais desconhecer o apelo singular que ele recebe, devido à estrutura significante que o humanizou. Essa estrutura é construída sobre um paradoxo, na medida em que o código que ela outorga, que permite codificar o real, é habitado por um branco que instrui o homem de que existe um furo, no nível do qual a codificação e a decodificação ficam ameaçadas. Esta ameaça, que é conjurada enquanto o objeto desempenha seu papel de tapa-buraco, se faz sentir assim que o objeto, por uma crise pessoal ou coletiva, cessa de desempenhar sua função.

É assim que, no momento em que perde o apoio do código significante, que lhe permitia orientar seu desejo, o sujeito não pode mais deixar de recolher o efeito nele induzido pelo encontro desse furo no código: este efeito é, entre outros, a sobrevinda desse impulso ilimitado, mas orientado, que chamamos de pulsão invocante.

Da mesma maneira como o alvo dessa pulsão não visa um objeto, mas um ato complexo (vocação e invocação), a fonte dessa pulsão é igualmente causada por um ato: ato pelo qual o recalque mais enigmático encontrado pelo psicanalista

– o recalque originário – substitui o efeito mortífero do *troumatisme* pelo efeito vivificante de um furo aberto, não mais no real materno, mas no inconsciente do sujeito.

Nesse ponto, o psicanalista se destaca da concepção religiosa de uma criação *ex nihilo*, já que para ele a procriação do sujeito do inconsciente não é procriação a partir de um *ex nihilo* que o precederia, e sim efeito da procriação de um *nihilo* que sucede a expulsão de um significante originário que precede todo sujeito.

Contrariamente à expulsão dessubjetivadora que induz à psicose (*Verwerfung*), a expulsão induzida pelo recalque originário (*Ausstossung*) é fundamentalmente subjetivadora: com efeito, enquanto a expulsão geradora de psicose é um "não" absoluto dado ao simbólico, o "não" pelo qual o recalque originário expulsa o significante originário não é absoluto pois, como ensina a experiência analítica, ele permanece associado a um "sim" fundador que Freud nomeia *Bejahung*.

O fato de que este "sim" e este "não" não sejam descontínuos, mas estejam situados numa continuidade de que a banda de Moebius nos dá a intuição, atinge o paradoxo segundo o qual o esquecimento originário engendrado pela expulsão do significante faz vizinhança com um certo não-esquecimento deste significante, na medida em que o sujeito lhe disse "sim" ao mesmo tempo em que lhe disse "não".

Devemos precisar que este não-esquecimento não incide sobre o conteúdo do esquecido – que é para sempre irrememorável –, mas sobre o ato pelo qual o sujeito o esqueceu. O paradoxo que consiste em reconhecer que possa existir, assim, um esquecimento radical ao mesmo tempo que propriamente inesquecível está no núcleo do ato do criador artístico: o músico ou o poeta não é aquele que pode fazer ouvir uma nota com o poder de fazer soar o inaudito, arrancando-o ao real de onde fora expulso? Se lhe somos tão reconhecidos, não será porque ele nos permite descobrir que em nós reside o recurso de reencontrar essa fonte originária onde fomos levados a reconhecer a existência do inaudito no instante em que o constituíamos como tal, expulsando-o?

Não será porque o inaudito como tal exige ser ouvido, ser arrancado à prisão em que o mantém o supereu, que os poetas sempre foram mais ou menos inspirados pela metáfora da prisão de que lhes era necessário escapar? Se o código legal da existência é geralmente descrito por eles como uma prisão é porque o código da lei não é feito para acolher o inaudito.

A pulsão invocante deve ser compreendida como esse impulso que é chamado a mover-se em direção a este significante detentor do inaudito que ultrapassa todo significado. O fato de que o músico seja, por excelência, aquele que tende a executar esse movimento não exclui que o não-músico não o execute: diversas obras no campo da literatura, da filosofia ou das ciências humanas são disso a expressão eloqüente. Mas nenhuma delas, sem dúvida, testemunha disso tão lucidamente como a de Claude Lévi-Strauss.

Lévi-Strauss e a música

Disso testemunham as seguintes linhas do "finale" das *Mythologiques*[1]: "A mim mesmo, que empreendi essas *Mito-*

[1] C. Lévi-Strauss, *L'Homme nu*, Paris, Plon, 1971, p. 580.

lógicas plenamente consciente de que buscava assim compensar, sob uma outra forma e num domínio que me fosse acessível, minha impotência congênita para compor uma obra musical, parece certo que tentei edificar com meus sentidos uma obra comparável àquelas que a música cria com sons...".

Quando, algumas páginas mais adiante[2], Lévi-Strauss escreve que: "O não-compositor dispõe de uma profusão de sons inutilizados em outros lugares, mas prontos a se lançarem, atraídos, como pelo imã, para vir aderir ao som", como não reconhecer nessa concepção do som que, como um "imã", atrai o sentido, uma metáfora da pulsão invocante cuja emergência observamos nesse tempo originário em que advém o inconsciente, a nosso ver, quando o puro som musical da voz materna é interpretado e recebido como sentido pelo ouvinte original que é o *infans*?

Um tal engendramento do inconsciente não será, para nós psicanalistas, o que se vê explicitamente evocado por Lévi-Strauss quando este diz o seguinte[3]: "O som e o sentido se conjugam, engendram *um ser único comparável à linguagem*, já que, neste caso, juntam-se duas metades, uma feita da superabundância de som e outra de uma superabundância de sentido."?

Neste "ser único comparável à linguagem" não devemos reconhecer a dimensão do "inconsciente estruturado como uma linguagem"?

Entretanto, nessa dialética do som e do sentido, devemos expor uma questão que não é necessariamente solucionada por Lévi-Strauss: entre o som e o sentido haverá hierarquia

---

2 Ibid., p. 585.

3 Ibid. (itálico nosso).

ou igualdade democrática? Quando fala em reunião de duas metades, feitas uma de som e outra de sentido, que se conjugam, ele deixa supor que som e sentido seriam vizinhos como duas entidades autônomas. Ao contrário (p. 589), quando apresenta a obra musical como um "mito codificado em som... que fornece uma grade de decifração", ele deixa supor preferencialmente a anterioridade do mito, isto é, do simbólico sobre o som. Essa anterioridade é ainda acentuada quando (p. 583) ele afirma que a música poderia ser compreendida como uma espécie de reencarnação que sucede um fato mais originário, a morte do mito[4]: "Seria necessário, pois, que o mito morresse enquanto tal para que sua forma escapasse dele como a alma deixando o corpo e fosse demandar à música o meio de uma reencarnação".

Há, nessa concepção da ordem simbólica que deve morrer previamente para se tornar ulteriormente transmissível, numa reencarnação viva, toda a concepção freudiana e sobretudo lacaniana da transmissão do significante paterno: este significante, com efeito, só se torna vivo com a dimensão do pai morto.

A partir daí, sentindo-nos muito próximos da intuição de Lévi-Strauss, somos levados a compreender que a transmissão mais primária do simbólico à criança se faria por intermédio da música da voz materna. Vamos situar o som dessa voz como mediação entre o que a precede e o que a sucede: o que a precede remete ao significante do Nome do Pai que sustenta o simbólico, o que a sucede é o inconsciente por vir da criança

---

[4] Ibid., p. 583.

receptora do som. Nesse sentido, se levarmos a sério a experiência desses psicanalistas de crianças autistas que puderam observar que a voz das mães de tais crianças eram por vezes "vozes de cabeça", despojadas de seu sopro musical, é porque somos levados a pensar que, muito antes da transmissão do significado, é por intermédio daquilo que o som musical tem de assemântico que a passagem do simbólico mais originário pode se transmitir de maneira humanizadora.

Quando Lacan escreve que essa passagem ao sentido é um *pas-de-sens**, ele nota o equívoco pelo qual o passo desse passante, que caminha em direção ao sentido, só é tornado possível pelo poder do sentido de tomar como fonte aquilo que, precisamente, o anula.

Este significante do *pas-de-sens* é o significante excedente ao significado que a psicanálise reconhece como significante do Nome do Pai e que Lévi-Strauss, em nossa opinião, reconheceu na sua introdução à obra de Marcel Mauss[5] como este significante "Mana" que ele interpreta como o ponto enigmático da linguagem onde surge um significante em que nenhum significado por ser alocado. Parece-me que, para Lévi-Strauss, o poder da música é poder reencarnar esse significante zero da significância tornado transmissível pelo som.

É urgente levar em conta o caminho pelo qual a psicanálise e a etnologia estrutural de Lévi-Strauss encontram esse significante do nome do pai. Na medida em que somos, com

---

* Jogo de palavras que utiliza *pas* na sua dupla acepção, como partícula de negação e como "passo", como em *pas-de-deux*. Assim a expressão pode ser lida como "passo-de-sentido", ou como "sem sentido". (NT)

[5] C. Lévi-Strauss, introdução a M. Mauss, *Sociologie et anthropologie*, Paris, PUF, 1950, p. IX-LII.

efeito, obrigados a reconhecer que a psicanálise, inventada por e para os neuróticos, não é operante para tratar as psicoses e que, inversamente, as sociedades primitivas sempre souberam tratar com eficácia, por intermédio de ritos musicais, os doentes delirantes, os psicanalistas não seriam requisitados a compreender em que reside a eficácia do som musical sobre a foraclusão psicotizante?

O poder de reversão da foraclusão detido pela música – sobre o qual propus certas hipóteses[6] – me parece, em duas palavras, ligado à possibilidade que ela detém de tornar a pôr em jogo o circuito da pulsão invocante[7].

Prosseguindo nosso diálogo com o texto de Lévi-Strauss, eis-nos no limiar daquilo que podemos pensar do originário "acoplamento intelectual e afetivo que se opera entre o compositor e o ouvinte[8]". Só que o ouvinte seria, a nosso ver, o *infans*, e o compositor da música o som musical da voz materna.

Entrar na enigmática mensagem transmitida pelo som materno implica decifrar os diferentes estratos de significação que estão em jogo.

---

6 A. Didier-Weill, *Les Trois Temps de la loi*, op. cit., cap. 4.

7 R. Court, "Musique mythe langage", in *Musique en jeu*, nº 12, Paris, Seuil, 1973, p. 50. Raymond Court lembra que o próprio do vivido musical é pretender uma universalidade cuja estrutura é o próprio da música: "Esta ordem do sensível constitui tanto mais problema na medida em que não nos entrega uma subjetividade incognoscível. Esse vivido pretende a universalidade, é votado à troca com outrem. Cabe a uma análise que se queira plenamente crítica mostrar como um tal vivido é possível".

8 Ibid., p. 585.

Os três conflitos transmitidos pela voz materna

A inteligibilidade do primeiro estrato pode ser abordada através da maneira como a ópera, na sua tradição histórica, opôs o *parlar cantando* ao *prima la voce*. Enquanto o *parlar cantando* – encarnado, por exemplo, em Monteverdi –, põe em cena uma música que deve se adaptar às escansões próprias às leis da fala, o *prima la voce* da ópera romântica introduz, ao contrário, com a aparição da voz divina da diva, à emancipação da voz que, lançando-se às alturas da acuidade, tende a fazer ouvir uma pura continuidade de som musical. Cessando de fazer ouvir as descontinuidades próprias à fala, a voz da diva abole toda inteligibilidade do texto falado para transmitir somente o gozo conferido pelo puro objeto que se tornou essa voz liberta do jugo da fala[9].

Supomos que o *infans*, antes de ouvir o som das palavras escandidas, isto é, a dimensão do *parlar cantando* da mãe, ouviria previamente o sentido dos sons, isto é, a dimensão do *prima la voce*.

Mas, por outro lado, podemos supor que, quando acede à inteligibilidade da descontinuidade dos fonemas e das palavras, ele permanece, ainda assim, sob a ascendência originária da pura sonoridade materna.

Este *infans* teria, assim, de encarar o fato de que a linguagem lhe seria transmitida como habitada por esta contradição interna: por um lado, é-lhe transmitida uma lei simbólica fundada na integração das escansões linguageiras, própria para

[9] M. Poizat, *L'Opéra ou le cri de l'ange*, op. cit..

transmitir o sentido simbólico do código; por outro lado, é-lhe transmitida ao mesmo tempo uma subversão desta lei: a pura continuidade sonora produzida pela voz dessa diva que é a mãe tende, com efeito, a abolir a descontinuidade que transmite a inteligibilidade do sentido.

Na medida em que toda a história da música ocidental nos ensina que, de Platão a Santo Agostinho e a João XXII, manifestou-se uma censura muito estrita para que fosse abolida a tendência pela qual a voz, subvertendo a lei do descontínuo, tendesse a "amolecer" as almas, a "feminilizá-las" e a desviá-las da ética do Estado, formulamos a seguinte questão: o que transmite a voz materna ao *infans* quando ela se submete inconscientemente a essa censura? E nos perguntamos, no caso, se não seria o efeito de tal censura que poderia contribuir para que a voz materna pudesse ser despojada – como no caso, sucintamente evocado, de certas mães de autistas – de sua musicalidade invocante.

Para ir mais adiante na decodificação da mensagem transmitida pelo som materno, precisamos distinguir o que é transmitido pela harmonia da voz do que é transmitido por sua melodia. A harmonia dada a ouvir pela lira de Apolo se opõe à melodia transmitida pela flauta de Dionísio por duas razões: por um lado, a harmonia outorgada pela transmissão do acorde de três notas ouvidas simultaneamente se inscreve numa dimensão sincrônica que exclui a dimensão diacrônica do tempo assumida pela flauta de Dionísio; por outro, a harmonia do acorde perfeito, tendendo a suprimir do mundo essa dissonância fundamental que é a do trauma, opõe-se à dissonância transmitida pelo modo dionisíaco frígio.

Reconhecendo no acorde perfeito – *do mi sol* – uma representação possível da trindade divina em que três fazem um, Santo Agostinho reconhece implicitamente que o que o modo dionisíaco (*do mi sol bemol*) faz soar é o *triton diabolicum*, diabólico precisamente porque tende a contestar uma trindade, fazendo com que três notas consoem harmoniosamente.

Se considerarmos, como faz a tradição indiana, que existem na voz humana todos os instrumentos musicais, vamos supor que há, no próprio seio da voz materna, o conflito trágico estabelecido entre a lira de Apolo e a flauta de Dionísio. Dentre as questões que fazemos nossas, aparece a seguinte: como o recém-nascido ouve a maneira pela qual a voz materna tenta resolver esse conflito entre diacronia e sincronia, que ela recebeu da estrutura do significante? Supomos, nesse sentido, que certos tipos de soluções têm por saída a possível transmissão da pulsão invocante, ao passo que essa saída não seria encontrada se o conflito fosse, por exemplo, tratado por uma foraclusão.

O terceiro e último conflito semântico transmitido pela voz materna é aquele entre a voz do anjo e a voz da encarnação sexuada: se a voz da diva é "divina" é porque ela substituiu o "castrato" cuja voz aguda era suposta fazer ouvir a voz dos serafins que, no céu, cantavam a glória de Deus. O conflito de que a diva nos faz participar não seria, assim, aquele pelo qual ela nos faz ouvir, por um lado; sua voz de anjo, fora do sexo e, por outro, seu grito que testemunha a dor implicada pela necessidade que se impõe ao anjo de encarnar-se num corpo sexuado?

Sob este aspecto, a maneira como a voz materna deixa ouvir de que modo ela admite o entrelaçamento da voz angélica e da voz encarnada transmite ao *infans* a problemática da encarnação sexual de sua mãe: essa encarnação permitiu ou impediu a pulsão invocante?

Essa pulsão, não a vemos possivelmente emergir em fim de análise, quando a transferência, cessando de ser orientada por um sujeito suposto saber, muda de caminho para dirigir-se a esse significante zero[10] que, do real para onde foi expulso desde que o sujeito pagou (recalque originário) seu tributo à morte tornando-se falante, *imanta* essa fala?

O espantoso é que o sujeito possa ao mesmo tempo saber que este significante é indisponível e saber, ao mesmo tempo, que ele pode cessar de ser indisponível quando a superabundância de sentido de que é portador chega a ser liberta de seu retiro pelo encontro de um som inaudito. A nota azul, nesse sentido, é a metáfora desse som ausente que detém o poder de induzir a invocação de um ponto carregado de uma esperança desnudada de todo conteúdo, mas não de todo fundamento: se a nota azul ensina ao homem que ele não sabe em que consiste essa esperança, ele sabe, em contrapartida, que não é vão esperar por ela, pois ela pode realmente soar para fazer ressoar o inesperado; detendo o poder de subtrair o homem à ação do determinismo histórico, ela cria as condições de uma transferência para esse grão de eternidade que permite ao homem apreender de onde o ritmo do tempo recebe seu verdadeiro sopro.

Não será a transferência para esse sopro que pode ser transmitido por nossa voz, quando ela faz ouvir sua nota azul, que pode transfigurar a cara do recém-nascido em rosto *impelido* a responder à invocação ouvida por um sorriso originário?

---

[10] C. Lévi-Strauss, introdução a M. Mauss, *Sociologie et Anthropologie*, PUF, Paris, 1950.

Companhia de Freud
editora

OBRAS PUBLICADAS

Psicanálise e Tempo
Erik Porge

Psicanálise e Análise do Discurso
Nina Leite

Letra a Letra
Jean Allouch

Mal-Estar na Procriação
Marie-Magdeleine Chatel

Marguerite ou
"A Aimée" de Lacan
Jean Allouch

Revista Internacional nº 1
A Clínica Lacaniana

A Criança na Clínica Psicanalítica
Angela Vorcaro

A Feminilidade Velada
Philippe Julien

O Discurso Melancólico
Marie-Claude Lambotte

A Etificação da Psicanálise
Jean Allouch

Roubo de Idéias?
Erik Porge

Os nomes do pai em
Jacques Lacan
Erik Porge

Revista Internacional nº 2
A Histeria

Anorexia mental, ascese, mística
Éric Bidaud

Hitler - A Tirania e a Psicanálise
Jean-Gérard Bursztein

Littoral
A Criança e o Psicanalista

O Amor ao Avesso
Gérard Pommier

Paixões do Ser
Sandra Dias

A Ficção do Si Mesmo
Ana Maria Medeiros da Costa

As Construções do Universal
Monique David-Ménard

Littoral
Luto de Criança

Trata-se uma Criança
Congresso Internacional de
Psicanálise
e suas Conexões - Vários

O Adolescente e o Psicanalista
Jean-Jacques Rassial

— Alô, Lacan?
— É claro que não.
Jean Allouch

A Crise de Adolescência
Octave Mannoni
e outros

O Adolescente na Psicanálise
Raymond Cahn

A Morte e o Imaginário na
Adolescência
Silvia Tubert

markgraph
Rua Aguiar Moreira, 386 - Bonsucesso
Tel.: (21) 564.1056 Telefax.: (21) 270.9656
Rio de Janeiro - RJ